事件現場清掃人

死と生を看取る者

高江洲敦

事件現場清掃人

死と生を看取る者

高江洲敦

飛鳥新社

死と生を看取る者

事件現場清掃人

「特殊清掃」という仕事をご存じでしょうか。

孤独死などの変死体があった部屋の原状回復を行う清掃業のことです。

私が特殊清掃を生業とするまでの経緯を描いた著書『事件現場清掃人が行く』が飛鳥新社から出版されたのは２０１０年4月のことです。その後、同書は幻冬舎アウトロー文庫として文庫化され、いくつかのメディアで注目されたことから、この仕事が世間に知られることとなりました。


前著から10年が経ち、この間、日本の社会は大きく変わりました。２００８年のリーマン・ショックを端緒とした経済の混乱が続く中、２０１１年には東日本大震災が起こり、その後も各地で地震や豪雨が頻発。社会不安が高まる中で、２０２０年には新型コロナウイルスによるパンデミックという厄災に世界が襲われました。

その一方、テクノロジーの発達によって、人々の暮らしも様変わりしました。スマートフォンが爆発的に普及したことでＳＮＳを介したコミュニケーションが一般化し、ＡＩやロボットは今では至るところで活用されています。

その結果、人と社会、人と人との関係が根本から変わりつつあるように感じるのです。

この10年の変化がもたらしたもの、それは人々の「孤立」だと私は思います。経済不安の中、社会に居場所を見出せない人が増えています。SNS上の表面的で脆《ぜい》弱《じゃく》な関係で人々はつながるようになり、直接的なコミュニケーションは希薄になりました。少子高齢化には歯止めがかかりません。

特殊清掃の現場には、そういった世相が色濃く反映されています。

本書には、さまざまな特殊清掃の現場の様子が記されています。描かれているのは、ひっそりとこの世を去った人々の記録であり、その意味で本書の真の主人公は、特殊清掃の現場に住んでいた故人なのです。

そして何より、この10年で私自身が大きく変わりました。さまざまな特殊清掃の現場を体験する中で芽生えてきた、故人の声なき声を伝えるという使命感。それが本書を執筆する大きな動機となりました。

ページをめくればきっと、あなたにも故人たちの声が聞こえてくるはずです。

事件現場清掃人　高江洲 敦

目次

第2章

自ら命を絶つ人々
――からだの寿命とこころの寿命

第5章 死後の世界
――相続、供養、お墓…遺族の現実

プロローグ

事件現場清掃人の仕事

ある事件現場にて

築40年ほどの木造アパート、2階の一番奥の部屋。

依頼者の家主から預かった鍵を挿し、ゆっくりとノブを回す。わずかに開いたドアの隙間から、新鮮な空気を求めて無数のハエが顔をかすめて飛んできた。不快な羽音の群れをやりすごすと、そっとドアを閉め、手にしていた大粒の数珠を首に巻く。室内は、カビ臭く、湿り気を帯びて淀んだ空気、そして油の腐ったような不快な悪臭がたちこめている。

玄関の奥、タバコのヤニで茶色く汚れた磨りガラスの引き戸を開ける。その和室には万年床が敷かれ、この部屋の主が横たわっていた。ただし、体液と血液でできた、黒ぐろとした人型の染みとなって。

室内を見渡す。布団の足元にあるテレビの画面には、斬りつけられた際に飛び散ったであろう鮮血が、黒く乾いて点々とこびりついている。安物のカラーボックス、小型のツードアの冷蔵庫、ビールの空き缶が散乱するローテーブル、それらの間に、ところどころ広がる黒い血痕。そして赤黒く汚れた布団からはみ出して、畳の上に上半身の形の染みがある。

すでに遺体は警察によって搬出されているが、現場には死亡時の痕跡がほとんどそのまま残されていた。事件発生時の様子がありありと脳裏に浮かぶ。

この人型の染みを残した部屋の主は、就寝中に何者かに刺された。血が噴き出す傷口の痛みに耐えながら、助けを求めるため布団から這い出そうとして息絶えたのだろう。鍵が壊されていないこと、部屋が荒らされていないことから、顔見知りの人物が凶行に及んだのではないかと思われた。

床に散らばる大量のウジムシのサナギを避け、飛び回るハエを手で払いながら、持参した塩をひとつまみ、そして小瓶に入れた酒を数滴、床に垂らす。ここで孤独に亡くなった方に思いを馳せ、「お疲れさまでした」と一言つぶやいて——。

殺人事件、死亡事故、自殺、病死。

さまざまな理由で住人が亡くなり、遺体が発見されないまま相当期間放置されると、その部屋は凄惨をきわめた状況となることが少なくありません。私は、人の命が失われ、遺体搬送後に死の痕跡が色濃く残された現場を清掃し、再び人が住める状態にまで完全に復旧することを生業とする「事件現場清掃人」です。遺族や、物件を所有する家主から依頼を受け、一般の清掃業者では手に負えない、いわゆる特殊清掃の現場に日々立ち会っています。

人は亡くなると、夏なら死後1日から2日、冬でも数日で腐りはじめます。腐敗は胃や腸から始まり、体内で発生したガスによって遺体が膨張して、やがてグズグズに溶解した肉と皮を破ってガスとともに体液が噴出します。私たちが「腹が割れる」と表現する現象です。さらに目、鼻、口、肛門、体中の穴からも血液や体液が流れ出て、ゆっくりと床に染み込み、部屋の中には耐え難い腐敗臭が充満します。

また、死臭を嗅ぎつけて集まったハエが遺体の粘膜部分に産卵し、孵《かえ》った大量のウジムシや、ゴキブリ、ハサミムシなどが屍肉をついばみます。

こうして遺体はやがて骨となっていきます。

検死などのために遺体が搬出されたあとも、血痕や流れ出た体液はもちろん、毛髪、ときには朽ちた遺体の一部が残されていることがあり、部屋を再び人が住める状態に戻すことは容易ではありません。

とくに死臭は、完全に消すことはなかなかできないものです。腐った生ゴミや古い油の臭いを何倍も強烈にしたような、鼻の奥にこびりつく独特の臭気……。そのような激しい悪臭の中では、立っていることすら困難です。

こういった現場で作業をするためには、腐敗臭だけでなく、遺体から湧き出た無数の虫や、遺体を温床として繁殖したさまざまな細菌から身を守る必要があります。しかし、原子力発電所の作業員が着ているような、全身を守ることができる防護服は着ません。また、ある程度臭いが取れるまでは、決して窓を開けません。そうしたいのはやまやまですが、私が作業をする現場は、どこにでもある住宅街に建つ一軒家や、アパート、マンションの一室だからです。

ほとんどの場合、建物の外からは、室内がどのような状態なのかはわかりません。もちろん、漏れ出る臭いや、階下にまで広がった体液に周囲の住人が気づくことはあります。あるときは、現場の直下に住む女子大生から「トイレで用を足していたら、ひどく臭う液体が頭上に垂れてきた」という連絡が発端となったこともありました。そんなときは、真実を伝えず、配管の修理ということにして処置をします。臭いや液体の原因が何であるかは、実際に現場を見るまでは、一般の人にはまずわからないのです。

私がものものしい出で立ちで部屋を出入りしないようにし、何か聞かれればリフォーム作業だと答えるのは、近隣の住人に不安を与えないためです。誰だって、自分が住む部屋の隣人が凄惨な最期を遂げたとか、長い間、腐敗した遺体のすぐ近くで生活していたとは、知りたくないでしょう。

私の仕事は、死者が残した痕跡を人知れず消し去り、人が亡くなった部屋を再び生活できる空間としてよみがえらせること。今日もどこかの部屋で誰かが亡くなっている、その後始末をするのが「事件現場清掃人」なのです。

特殊清掃という仕事

私のふだんの仕事の様子を紹介しましょう。

まず、欠かせないのは防護ゴーグルと防毒マスクです。強烈な腐敗臭や、ハエなどの無数の虫、そして感染症から身を守るため、このふたつは必ず着用します。また、遺体から流れ出た体液や虫の侵入を防ぐため、衣服の上には雨合羽の上着を着用し、手にはゴム手袋、靴はビニールのカバーで覆い、雨合羽とゴム手袋の隙間は養生テープでしっかり塞ぎます。

一方で、下半身に着用するのは作業用のズボンのみです。以前は全身ツナギの防護服を着用していたこともありましたが、現場での作業は清掃だけでなく、体液や血液をたっぷり吸い込んで重くなった布団や畳、大量に残されたゴミや生活用品を処分することもある、真冬でも大汗をかくような重労働です。通気性を確保しなければ脱水症状を起こ

してしまうため、今ではこのスタイルになりました。
ただし、強烈な腐敗臭は衣服や体に付着し、なかなか取れません。また、室内には目に見えないさまざまな細菌が繁殖しています。そのため、作業中は手袋を外すたびに入念に手を洗いますし、作業後は必ず手と顔を消毒し、1日に2回入浴して、常に清潔を保つように心がけています。
しかし、ここまで対策をしていても、ときおり結膜炎になったり、扁桃腺が腫れて高熱が出たりすることがあります。なかでもつらいのは、股間が妙に痛痒くなることです。長時間の作業になると、どうしても作業の途中でトイレに行くことになります。そこで用を足す際に、いくら念入りに手を洗っていたとしても、むきだしになった陰部に何らかの細菌が付着してしまうのかもしれません。また、年に数回あるさまざまな体調不良は、おそらくは細菌のせいだと思いますが、詳しい原因はいまだによくわかりません。

こうして身支度を整えて現場に到着したら、まず行うのはお清めです。少量の塩と酒を部屋に撒いて故人をねぎらうことは、長い間の習慣になっています。

そして、最初にゴミの処理と掃き掃除を行います。当たり前のようですが、実はこの作業が特殊清掃の仕上がりを左右します。

現場では、床一面に広がったゴミや、故人の糞便など、実にさまざまなものを踏みつけますが、なかでももっとも多いのが、ハエやウジムシなどの虫の死骸です。これらをうっかり踏み潰すと、畳を汚してしまったり、フローリングにこびりついてしまったりと、のちのち苦労するはめになるのです。

厄介なのは、屍肉を食べて育ったウジムシが蛹化《ようか》したサナギです。誤って踏むと、プチャッという不快な感触が靴の裏から伝わり、全身に悪寒が走ります。現場につきものの虫を気にしてはいられませんが、このサナギを踏み潰す感触にだけは、いまだに苦手意識が消えません。

ゴミをあらかた片付け終えたら、二酸化塩素を主成分とする特殊な消毒液を部屋のすみずみまで噴霧します。死臭の主な原因は、腐敗の過程で細菌がタンパク質を分解して出す物質です。薬剤を撒くことで菌を死滅させ、臭いの原因を取り除いていきます。

こうして、ようやく本格的な清掃作業に入っていきます。

遺体から流れ出た体液や脂、血液、消化液などは、混ざり合い、盛り上がった状態で表面が乾き、固まります。これをスクレーパーで削り取り、残った汚れはスポンジでていねいに除去するのです。この体液や血液の固まりは、表面を破ると強烈な腐敗臭が漏れ出て、ゴーグルをしていても目が痛くなるほどです。ときには汚物にまみれたトイレや、何年も放置されたカビだらけの台所も清掃します。このようにして、部屋中のあらゆる汚れを取り除いていきます。

しかし、ここまでの作業を行っても、死臭が消えないことはよくあります。それは、遺体からあふれ出た体液や血液は、畳やフローリングを通り越して、床下にまで染みこんでいく場合があるからです。

鼻をこすりつけ臭いが完全に取れているか確認

一般的な清掃と、特殊清掃の違いを示す、象徴的な事例があります。

あるとき、すでに別の清掃業者がクリーニングを行ったものの、「まだ臭いがする」ということで私が呼ばれたことがありました。現場は一軒家で、2階の廊下で亡くなっていたそうなのですが、その業者は、フローリングの床を拭くところまでしか作業をしなかったようなのです。家主の許可を得て幅木を剥がしてみると、案の定、遺体から流れ出た体液が染みになって残っていました。

部屋の床が畳やじゅうたん敷きであれば、ある程度は体液を吸い込むため、それほど広範囲に広がることはありません。しかし、フローリングの場合は、腹が割れて噴き出た液体が、床を伝って部屋中に広がってしまうのです。

さらに床板を剥がしてみたところ、床を張るための角材や、その下の1階の天井、さらに柱を伝って玄関にまで体液が達していました。体液の量は故人の体格や年齢によって異なり、多いときもあれば少ないときもあります。しかしこのときばかりは、あまりの量にさすがに途方に暮れたものです。

このような場合は、交換できるものはすべて新品に換え、構造上外せない木材やコンクリートは、体液が染み込んだ部分を削ってコーティングを施します。場合によっては解体することや、全面的にリフォームすることもあります。

こうして清掃を終え、仕上げにもう一度消毒液を噴霧したら、最後は鼻を床にこすりつけるようにして臭いが完全に取れたことを確認します。私の仕事では、ここまで行ってから、依頼主に物件を引き渡すのです。

遺品から伝わってくるもの

ここまで読まれて、事件現場清掃人の仕事は、一般的な清掃業よりもずっと大変なっらい作業のように思われるかもしれません。しかし、私には試行錯誤を重ねて生み出したノウハウや、長年に渡る経験の蓄積があり、誇りをもってこの仕事に取り組んでいます。当初はその中で立っていることさえ難しかった強烈な死臭や大量の虫も今では意に介しませんし、どんなに凄惨な光景を目にしても仕事だと割り切ることができます。

ただ、数多くの現場を経験した今も、まったく慣れることができない作業があるのです。それは、その家で亡くなった故人が死の際まで大切にしていた遺品の整理です。

清掃を終え、廃棄物を運び出すと、最後には依頼主に渡すべきものが残ります。通帳や貴金属、あるいは借用書などの書類はもちろん大切なものです。しかし、私にはそういったもの以上に重要だと思われるのが、故人の想いが染み付いた品々です。タンスの奥にしまい込まれていた記念の品、壁に飾られていたかつての恋人の写真、自殺した人が残した尖った文字で書かれた手紙……。

こういったものに触れるとき、私はいつも身の引き締まる思いがします。それは、故人が生きている間に何を思い、考えたのかが伝わってくるからです。

それまでどのように生きてきて、どのような状況の中で死んでいったのか。

故人が感じたであろう一つひとつの思いを受け止めることは、どんなにひどい汚れを清掃するよりも、はるかに精神的に堪えます。なぜなら、特殊清掃を通してどのような最期を遂げたかを知り、遺品から故人の人生を感じ取ることは、その人の喜びや苦しみ、あらゆる感情を追体験することにほかならないからです。

遺品の整理は、いわば故人と私との対話。だからこそ事件現場清掃人にとって、もっとも大切な仕事だと思うのです。

真の依頼主は故人である

特殊清掃の話をすると、よく「幽霊を見たことはあるか」と聞かれます。おそらく、いわゆる事故物件にまつわる怪談の類を期待してのことでしょう。あるときはテレビ番組の収録に呼ばれ、その事故物件で過去に何が起こったのかを霊媒師が当てるという企画を手伝ったことがありました。しかし、結果はまったくの的外れに終わりました。

幽霊が存在するかどうかは、私にはわかりません。人はわずかな変化にも敏感に反応するものですから、不完全な清掃やリフォームで残ったかすかな死臭を嗅ぎ取って「嫌な感じがする」と思うことだってあるでしょう。それに、特殊清掃の現場の凄惨な様子を目にすれば、誰だって気が重くなります。部屋の中に故人の生活の痕跡や、死の直前の様子が生々しく残っているのですから。

しかし、「死者のエネルギー」のようなものは、たしかに存在すると感じています。たとえばひとり暮らしをしていた人が亡くなったとします。その人が病院で亡くなった場合と、自室で亡くなった場合とでは、なぜか部屋から受ける感じがまったく異なります。そこには、死の間際の故人の想いが残っているような気がするのです。

ある意味では、そのような死者のエネルギーを拭い去ることが、事件現場清掃人の仕事なのかもしれません。死の直前まで暮らしていた部屋の残置物《ざんちぶつ》を処理し、徹底した清掃を行って死臭を断ち、故人の思いの込もった遺品を適切に処理すれば、この死者のエネルギーは消えていくのです。

仕事の依頼主は、多くはご遺族や大家さんです。しかし、私は故人こそが真の依頼主であると考えています。

「この世の始末をしてくれ」

孤独のまま死を迎えた人が、私にそう言っているように思えてなりません。

死は、いつか必ず訪れます。私も、今これを読んでいるあなたも、誰もが逃れることはできず、いつ、いかなるときに命を失うことになるのかは誰にもわかりません。しかし、だからこそ生が輝くということもまた真実です。

死に方とは同時に生き方であり、死を語ることは生を語ることです。これまで20年近く事件現場清掃人を続ける中で私が出会った特殊清掃の現場は、今では3000件に上ります。その一つひとつが、まるで鏡のように、私たちの生きる現代社会の真実の姿を映し出しているように感じるのです。

第1章

誰ひとり偲《しの》ぶ人がいない孤独な死

関りを拒絶した無縁社会の姿

空き家の「行旅死亡人」

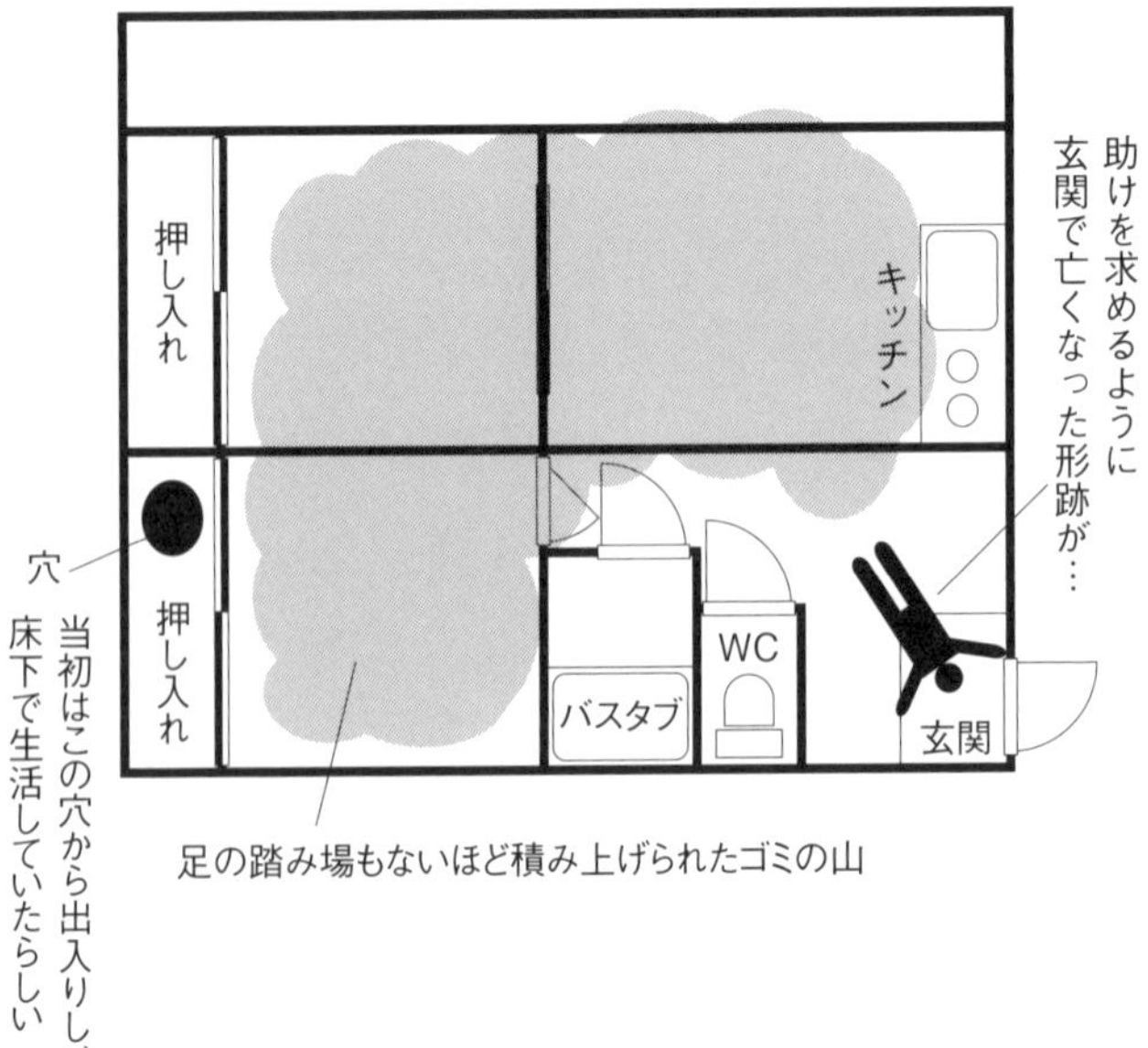
助けを求めるように
玄関で亡くなった形跡が…
押し入れ
キッチン
穴
当初はこの穴から出入りし、
床下で生活していたらしい
押し入れ
WC
バスタブ
玄関
足の踏み場もないほど積み上げられたゴミの山

人知れず空き家で息絶える

ある日、私のもとに行政から一本の電話が入りました。その内容は、閉鎖され、長年使われていなかった団地の一室を清掃してほしいという依頼でした。

「閉鎖されている団地の一室を清掃する」とは妙な話です。詳しく聞いてみると、団地を解体して土地を売却することになり、査定のために現地を訪れたところ、その一室で身元不明の男性が亡くなっていたということでした。

ともあれ、現場を見てみないことには始まりません。見積もりのためにすぐに団地を訪れると、依頼された内容の意味がわかりました。１階部分は、窓やドア、階段の入り口などすべてにコンパネが釘で打ち付けられ、一見すると内部に入ることができない状態でしたが、人目につかない敷地奥の一室だけはコンパネが剥がされ、誰かが出入りしていた形跡があったのです。

玄関から室内に入ると、死臭と食べ物の腐敗臭に加えて、糞尿の臭いに襲われました。その原因は、便器からあふれた大便と、風呂場に垂れ流された小便。トイレには用を足したあとに拭いたのであろう、汚物の付着した雑誌のページが大便に混ざって散乱し、浴室には小便の跡が白く結晶化して幾筋も残っていました。

さらに奥の部屋には、驚くべき光景が広がっていました。飲み終えたペットボトル、ビールの空き缶、コンビニ弁当のトレーやおつまみの袋、そして、たくさんのマンガ雑誌や成人向け雑誌……。生活ゴミの山が、人の背丈ほどうず高く積まれていたのです。あきらかに、この部屋で長い間、生活していた痕跡がありました。数か月ではこうまではなりません。おそらく年単位で住み着いていたのだと思います。

空き家ですから、当然、水道も電気もガスも通っていません。そんな中、なんらかの仕事で賃金を得て、コンビニで酒や食べ物、雑誌などを買い、ろうそくを灯してここで暮らしていたのでしょう。

清掃作業を進めていく中で、意外な形跡も見つかりました。部屋の大量のゴミをおおむね片付けたあと、押し入れを開けてみると、その床面に大きな穴が空いていたのです。

もしやと思い中を覗いてみると、案の定、床下一面にゴミが溜まっていました。ただ穴にゴミを捨てただけでは入り口付近にしか溜まりませんが、床下の隅にまでゴミが埋まっていました。つまり、床下でそれなりの期間、生活をしていたのです。最初は押し入れを入り口としてひっそりと床下で寝泊まりしていたのが、だんだんここで暮らしていても周囲に見つからないことがわかってきたので、床下から出て空き部屋のほうを住《す》み処《か》として利用するようになったのでしょう。

ここで生活していた男性は、玄関で亡くなっていました。特殊清掃では玄関まわりが主な作業場所になることが多くあります。それは、突然の体の異変に恐怖を感じ、助けを求めるからなのですが、おそらくこの男性も同じだったのではないでしょうか。死後半年程度経ってから発見され、一部は白骨化していたそうです。身元がわかるようなものは何ひとつありませんでしたが、室内に大量にあったマンガ雑誌のタイトルからは、私と同世代、40代から50代の男性ではないかと思われました。

生活に困っていたときにこの団地を見つけ、当初は怯えるように床下に出入りしていたものの、徐々に大胆に室内で暮らすようになり、最後には玄関先で行き倒れた。

名前もわからない故人の、そんな晩年の様子が思い浮かびました。

身元不明の死者「行旅死亡人」

この閉鎖された団地は取り壊すことが決まっていたため、残置物の撤去のほかは、遺体のあった場所を水で流すなどある程度のクリーニングだけを行いました。ただし、ゴミの量は2トントラック8台分にもなり、小高い山のようになった汚物は、尻を拭いた雑誌のページがあったためポンプで吸えず、結局は手で掻き出すことになりました。

大便は時間が経っていると乾いてそれほど臭わないのですが、遺体の体液と同じように、表面が破れると強烈な臭いを放ちます。この臭いは防毒マスクでも防ぎ切れず、いつも往生します。ただ、こういった作業は特殊清掃としては特別珍しいものではありません。

しかしこの現場は、私の中に非常に強い印象を残しました。それは、数多くの凄惨な現場を経験してきた中でも、身元不明のまま空き家で孤独死した事例に触れたのが初めてのことだったからです。

「行旅死亡人《こうりょしぼうにん》」という言葉があります。これは、氏名、住所などが判明せず、かつ遺体の引き取り手が存在しない死者を指す言葉で、自治体が火葬を行い、遺骨は無縁仏として埋葬されます。

字面から連想するように旅先で亡くなる場合もあれば、山林や河川といった場所で発見されることもあり、その死因は病気、事故、自殺、他殺などさまざまです。身元がわかるものがない状態で亡くなれば、誰もが行旅死亡人となるということです。一般に居室内で行旅死亡人となるケースはまれですが、私は今後、この団地の事例のように、空き家で人知れず亡くなる人が増えていくと考えています。

日本では今、この「空き家」が大きな問題となっています。

人が住まなくなった家は、売るためにはリフォームが欠かせず、かといって取り壊して更地にするにも多額の費用がかかるため、固定資産税を払うほうがコストが低いと判断され、放置されがちです。そして、これから日本が人口減少の局面を迎えると、住み手はさらに減っていき、およそ10年後には一般住宅の4戸に1戸が空き家になるという

予測さえあります。[※1]

もちろん、リノベーションして再生させようとしたり、アート作品の発表の場として活用したりと、さまざまな取り組みも進められています。しかし、一時的には賑わったとしても、それを続けていくことには限界があるようです。

では、誰も管理しなくなった住宅はどうなるのでしょうか？

たとえば２０１８年、刑務所から脱走した受刑者が３週間に渡って逃亡を続けた事件がありました。その犯人は逃避行の最中に空き家を転々としていたそうです。

犯罪の温床となる、害虫の発生源となる、倒壊するといったリスクはすでに指摘されています。私はそれに加えて、生活に苦しみ、行き場を失った人たちが人知れず空き家で暮らした結果、行旅死亡人になるという、今までにはなかった孤独死の形が生まれてしまうのではないかと思うのです。

真の「孤独死」とは

現代は無縁社会といわれ、かねてより孤独死が問題となってきました。1980年代頃からでしょうか、高齢化や過疎化、都市部での人的交流の減少などが進行したことで、この問題への関心が社会的に高まりました。

警察の死因統計に「孤独死」という項目はなく、その多くが「変死」に含まれるため、正確な統計はないのが現状ですが、現在では単身世帯の増加などにより、誰にも看取られることなく死亡する人は年間3万2000人に上るとされています。※2 事実、私が特殊清掃の仕事で出会うのも、7割は孤独死です。

孤独死とは、一般的には誰にも看取られずひとりで死亡することをいいます。しかし、これまでさまざまな現場を経験する中で、私は孤独死を「故人の死を誰ひとり偲《しの》ぶ人がいない状態」だと解釈するようになりました。

たとえば、過疎が進む田舎でひとり暮らしをしている母親を心配して、月に一度、息子が電話をしているとしましょう。電話を切ったその日に、人知れず心臓発作で母親がひとりで亡くなってしまったら、その死が判明するのは、次に息子が電話をする1か月後です。母親は誰にも看取られることなく息を引き取り、しかもそのまま放置されたことになりますが、これは果たして「孤独死」といえるのでしょうか？

我が子と心が通じ合っていて、死の直前まで元気に過ごすことができ、その死を嘆き悲しむ人がいるのですから、母親の身になってみれば、形としては孤独死であっても必ずしも不幸な死に方ではないはずです。

もし私がその現場の清掃を行うことになり、息子さんが「母を孤独死させてしまった」と嘆いていたら、こう声をかけるでしょう。

「あなたのお母様は、『部屋を汚しちゃってごめんね、でも死ぬまで病院にかかるよりも安上がりだったでしょう？』と笑っているかもしれませんよ」と。

亡くなったあと、誰かひとりでもその死を悼《いた》む人がいれば、それは決して孤独死とはいえないと私は思うのです。

ところが、この「行旅死亡人」はどうでしょうか。本章の冒頭で紹介した空き家の住人は、すべての関わりを拒絶するようにひっそりと生き、誰にも看取られることなく亡くなって誰であるかもわからない状態で発見されたのです。

人は、ひとりで生まれるわけではありません。どんな人にも父と母がいて、世の中とつながっています。それなのに、故人を偲びたいと思っても、何者かもわからず偲ぶことさえできないのです。いわば究極の孤独死だといえないでしょうか。

現在、単独世帯数は全世帯数の27％、実に4世帯中1世帯がひとり暮らしをしているという状況です。[※3] 生涯未婚率が高まっていることを考えても、今後も単身世帯は増加していくでしょう。そして、「誰も偲ぶ人がいない」という意味での孤独死も増加していくはずです。

そして、私が特殊清掃を手掛ける多くの現場で触れるのは、生前、人との関わりを拒絶し、誰にも看取られることなく亡くなっていく、悲しき人々の人生なのです。

マリア像の置かれた
アパートの一室

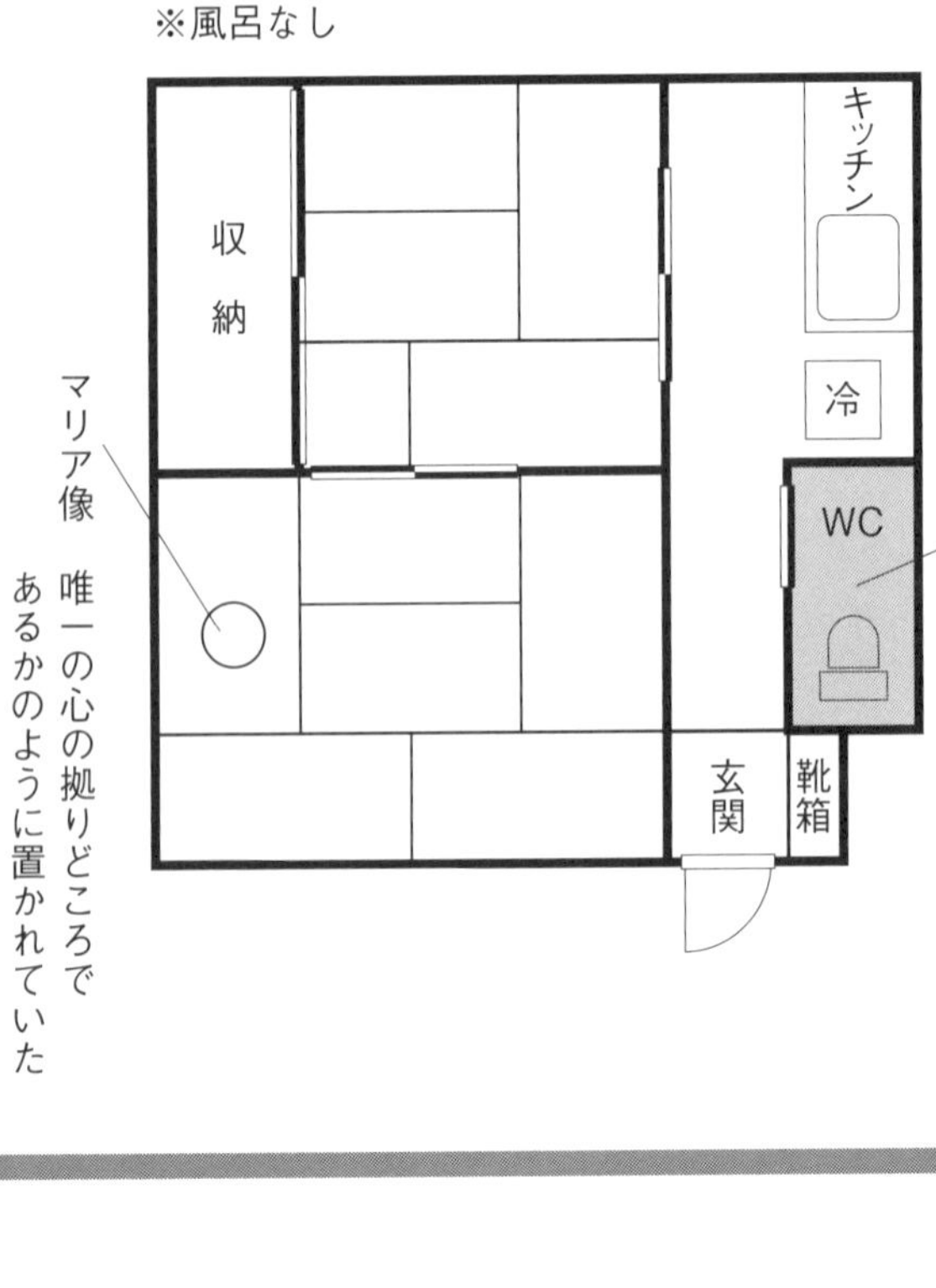

ある高齢者の孤独死

典型的な孤独死の事例をひとつ紹介しましょう。

ある安アパートの大家さんからの依頼でした。そのアパートの一室で一人暮らしをしていた80代の男性が亡くなったというのです。ところが、この男性の遺族が見つからず、困っているということでした。

その大家さんは人当たりのいい優しい人で、果物が入った袋をアパートの部屋のドアノブに掛けておくなど、店子《たなこ》（住人）をよく気にかけていたそうです。ところが亡くなった男性からは、「そういうものはいらないから止めてほしい」と言われていたため、交流はほとんどなかったと言います。亡くなった男性は自ら人払いをしていたのです。

その部屋に入ったとき、何よりも目を引いたのは、マリア像でした。それ以外は質素なもので、宗教に傾倒していたようには思えません。人との関わりを絶って生きていた故人にとって、そのマリア像だけが心の拠りどころだったのでしょう。ふさぎ込むような状態になる前には身の上話をすることもあったらしく、大家さんが言うには、故人は10代で丁稚奉公のためにひとり家を出て、旅館で料理人などをして各地を転々とした末に、このアパートに移り住んだということでした。

清掃後、遺品の整理をしていると、30万円ほどの現金が見つかりました。通常、相続をする人がいなければ、遺産を国庫に納める手続きをします。しかしこのときは、私は大家さんにこう言いました。

「故人は大家さんに迷惑をかけたくないと思っていたのではないでしょうか。これは独り言ですが、このお金は国庫に納めずに、大家さんが受け取るべきだと思います」

孤独死の場合、遺族がいなければ、部屋の原状回復にかかる費用は大家が負担せざるを得ません。また、仮に遺族がいたとしても引き取りを拒否されることがあり、誰も費用を払うことができなければ、結局は大家が負担するしかないのです。

その後、大家さんがそのお金をどうしたかはわかりません。ただ、孤独に亡くなった故人を偲ぶのは、決して遺族だけということはないのです。

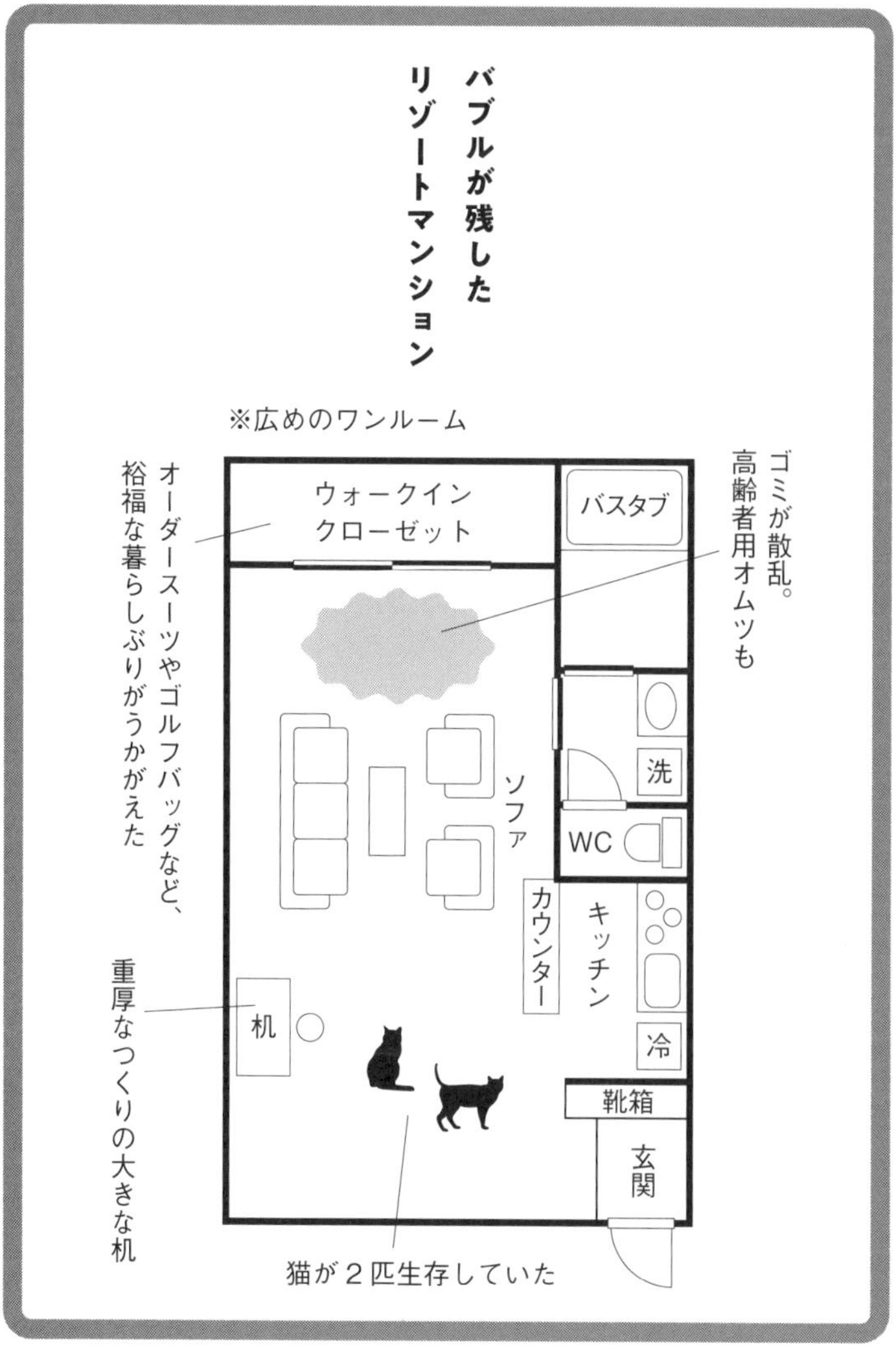
バブルが残した
リゾートマンション
※広めのワンルーム
ウォークイン
クローゼット
オーダースーツやゴルフバッグなど、
裕福な暮らしぶりがうかがえた
バスタブ
ゴミが散乱。
高齢者用オムツも
洗
ソファ
WC
カウンター
キッチン
重厚なつくりの大きな机
机
冷
靴箱
玄関
猫が２匹生存していた

あるリゾートマンションの悲劇

高齢者の孤独死は長らく社会問題化しており、その数は年々増え続けています。その理由は、いわゆる独居老人が増えているためです。今や高齢者のうち、男性では8人に1人、女性では5人に1人が単身で暮らしているという統計もあります[※4]。

独居老人となる理由は、家族をつくらずに生き、天涯孤独の身となって老後を迎えることもあれば、子どもが自立したあと、配偶者と死別して独り身になるということもあるでしょう。そして、今まさに起こっている、新たな高齢者の問題といえるのが、リゾートマンションでの高齢者の孤独死です。

今でこそほとんど建てられることはありませんが、1980年代のバブル期、リゾートマンションは温泉地やスキー場、避暑地などに競うように建設され、次々と売れていました。都会の喧騒を離れ週末はリゾート地で過ごす、長期休暇は家族だけでゆったり滞在する、老後に風光明媚《ふうこうめいび》な土地で暮らすなど、バラ色の生活を夢見たたくさんの人が、数千万円もの物件を購入したのです。

しかし、バブル崩壊とともに開発は止まり、価格も大幅に下落していきました。高額な管理費や固定資産税がかかることもあって売りに出されることが多く、今ではもはや資産価値がなく価格のつけられない物件さえあるそうです。そして現在残っているのは、買い手がつかずになかば放置された部屋と、老後に移り住んだ高齢者が暮らす部屋ばかり。とくにスキー場に建てられたリゾートマンションは悲惨な状況で、まるで廃墟のようになっているところもあるそうです。

私もいくつかのリゾートマンションで特殊清掃の仕事をしたことがあります。それはこんな様子でした。

私が呼ばれたのは、ある温泉街のリゾートマンションでした。依頼主はそのマンションの管理組合です。建てられたのはバブル期ですから、築40年近いでしょう。ただ、設備は決して悪くはありません。東京都内の一般的な分譲マンションよりも広いですし、浴室には御影石が使われていて、もちろん温泉が引かれています。もっとも、温泉の硫黄のせいですっかり白くなってはいましたが。

物件だけを見ると、少々高額の管理費と固定資産税を支払ってでも、豊かな自然に囲まれて、悠々自適な老後を過ごしたいと考える気持ちもよくわかりました。その温泉街にはデイサービスなどもありましたし、日常的な買い物は今ではインターネットで購入して届けてもらうことができますから、さほど不便でもないでしょう。

しかし、そのマンションはやはり空室が多く、さらには依頼された現場のほかにもう1室、高齢者が孤独死したという部屋がありました。管理組合の人によれば、その物件のほうは、亡くなった方の遺族と話が折り合わない状態だったそうで、部屋からひどい臭いが漏れ出ているにもかかわらず、手がつけられずに困っているということでした。分譲マンションの場合、相続人からの許可がないことには片付けることができないのです。この部屋は見積もりのみを行いました。

そして私が特殊清掃を行った部屋は、それはひどいありさまでした。室内には生活ゴミが散らばっていたほか、脱ぎ捨てた高齢者用のおむつが汚物とともに散乱していました。遺体跡の状況からは死後1か月は経っていたと思います。

さらに驚いたのは2匹の猫がいたことです。買い置きしていたエサの袋を破って、飼い主の死後も生きながらえたのでしょう。部屋中の汚物は人間のものだけではなかったのでした。

部屋には、見るからに立派な、重厚なつくりの大きな机が置かれていました。リゾートマンションで暮らすようになる前は、それなりの立場で会社勤めをしていたのでしょう。壁には株主優待で送られてくる航空会社のカレンダーがかかっており、収納スペースからは古いゴルフバッグやオーダーメイドのスーツが出てきて、かつては裕福な生活を送っていたであろうことがうかがえました。そんな人が、晩年は汚物にまみれ孤独に亡くなったのです。

現場は遠方のリゾートでしたから、結局、その温泉地に2泊して作業を行いました。

バブル景気のツケともいえるこういった事例は、今後も増えていくことでしょう。

中年男性の孤独死

ところで孤独死は、高齢者だけの問題なのでしょうか。事実は違います。一説によれば孤独死をした人のうち、60歳未満が全体の約4割を占めているとされており[※5]、実際に特殊清掃の現場でも、とくに多いと感じるのは40～50代の中年男性の孤独死です。

高齢者であれば、ふだんから周囲の人がそれとなく様子を気にかけてくれ、しばらく姿を見せなければ安否を心配されるものです。しかし、働き盛りの年代の男性がしばらく姿を見せなかったとしても、仕事や旅行で不在にしているのだろうと、周囲はさして気に留めることはありません。

そして、本人が人との交流を絶っているケースではなおさらその死が発見されづらくなるのです。

中年男性の孤独死が多い原因としては、これまでいわれてきたように、都市部における地域での人的交流の欠如という面はもちろんあると思います。しかしそれ以上に感じるのが、「人の迷惑になってはいけない」という社会の風潮や、インターネット上の独善的なコミュニケーションの影響です。

親類との付き合いはとうに薄れ、恋愛関係や友人づきあいは「面倒なもの」とされることが多くなり、コミュニケーション欲は人と接触しないで済むSNSで満たすことができます。こうして社会から孤立していき、人との関わりが薄れ、結果として孤独死が増えているように感じるのです。

実際に、もしも自分とほとんど交流のなかった遠い親戚が孤独死したという連絡が突然あったら、気持ちよく葬式を出し、遺骨を引き取ることができるでしょうか？

私の経験では、「火葬の費用は出せない、財産は放棄するからゴミとしてすべて処分してほしい」と言われるケースが大半です。

生活習慣の乱れが孤独死を招く

冒頭で紹介した空き家の住人の事例もそうですが、中年男性が孤独死した部屋には、ビールの空き缶やコンビニ弁当のゴミが散乱していることが多く、きわめて不摂生な生活を送っていたことが見て取れます。また、この年代の男性は体調が悪くても病院での診察を面倒くさがり、あるいは金銭的に余裕がないため治療費を捻出できず、市販薬で一時しのぎをするということもあるようです。

こうしたことも寿命を縮める一因となるのでしょう、孤独死における死因でもっとも多いのは、病死です[※5]。心筋梗塞や脳溢血などによる発作で突然死することもあれば、持病が悪化したことで日常生活を送ることが難しくなり餓死するケースもあります。

現場の遺体は検死のために警察が搬出しますが、残された状況から死因が推測できることもあります。たとえば糖尿病やアルコール依存症を患っていた人、内臓系のがんを患っていた人などの遺体から漂う腐臭は独特で、現場に漂う臭いからそれとなくわかるのです。

また、流れ出た血液がなかなか凝固せずに、床一面に広がるのは糖尿病の場合です。遺体のそばに血で染まったティッシュが転がり、鮮血が飛び散っているのは、高血圧症で鼻の奥の動脈が切れたのでしょう（もっともこれは、私自身が高血圧症だからわかることではありますが）。

このように、中高年の孤独死が多い理由のひとつには、生活習慣の乱れもあるのです。

人を〝殺す〟部屋の共通点

そしてこれはあくまで私見ですが、孤独死が起こり、特殊清掃の現場となる部屋には、ある共通点が存在します。それは、湿気です。

もちろん、日本は高温多湿な気候ですから、窓を閉め切って放置すれば湿気がこもり、カビも発生しやすくなります。しかし、いわゆる事故物件になるような部屋はその程度においても尋常ではないのです。

実は事件現場清掃人としての仕事を始めて間もないころ、人の死に関わることのつらさや、経済的な苦しさから、このままこの仕事を続けていけるのかと苦悩していた時期がありました。しかし、そんな状況でも宗教には頼りたくない、自分の力で解決したいという気持ちがあり、さまざまな本を読んだり人の話を聞いたりして勉強をする中、たまたま私の故郷の沖縄に伝わる「カミングヮ」という家相学について学ぶ機会がありました。

カミングヮでは、水回りは湿気がこもらない北西に配するのがよいとされます。また、どういった場所を墓地とすべきかなども説かれていて、そのような土地にはたいてい日当たりなどの問題があります。湿度が高い、日当たりが悪いといったことは、家相的にも避けるべきとされているのです。

日当たりが悪く日中でも薄暗い部屋、あるいは常にカーテンを閉め切っている部屋で暮らしていれば気分は沈むでしょうし、湿度が高ければカビが生じ、生じたカビは感染症や中毒、アレルギーといった健康上の問題を引き起こします。極論かもしれませんが、私は「カビが人を殺す」とさえ感じています。

特殊清掃の現場となる部屋は、例外なくジメジメとしていてカビ臭く、壁面にはカビによって生じた黒い斑点があるものなのです。

ときには一度清掃して次の借り手が見つかった部屋で、数か月後に再び特殊清掃の依頼が来ることもありますし、同じ集合住宅内の複数の部屋が〝現場〟となることもあります。

また、特殊な例ですが、とあるマンションではフロアの半分が事故物件ということもありました。そこは内廊下で湿気がこもりやすい構造になっており、部屋で人が亡くなればその臭いもこもります。住んでいる人々もなかなか独特で、特殊清掃の作業中、私が何の作業をしているか知ったうえで、あれこれと話しかけてきました。もはや終《つい》の住処として「いずれ自分もそうなる」と思って暮らしていたのでしょうか。

死者からの呼びかけ

特殊清掃の現場の特徴といえば、湿気やカビのほかに、原因不明の不思議な現象が起こることがあります。

たとえば、特殊清掃を終えて遺品整理をしているとき、たまに故人のスマートフォンが出てくることがあるのですが、これまで2度ほど、そのスマートフォンを確認しているときに、なぜか私のスマートフォンのほうに「ＳＩＭカードが挿入されていません」と表示されたことがありました。

そのとき以外にそのようなことが起こったことはありませんし、そのときももちろんＳＩＭカードは入ったままです。故人がスマートフォンを通して何かを訴えようとしていたのでしょうか。

また、「ラップ現象」と呼ばれるそうですが、原因不明のカチカチという音が部屋に鳴り響くことはよくあります。そんなとき、私は「またいるねぇ。どうしてほしいの？」と問いかけるのですが、答えが返ってきたことはありません。

あるときは、道を歩いていると、向かいからやってきた人にすれ違いざまに肩を叩かれ、「あなたにはたくさんの人が憑《つ》いている」と突然告げられたことがあります。

その人は「憑いている人たちを取ってあげなければいけない」と言うのですが、私はというと、もし本当に特殊清掃の現場の故人が自分に取り憑いているとしても、居心地がいいのならいてくれて構わないと思っているのです。

「別に悪さをしていないんだから、そのままでいいんじゃないの？」

そう言うと、その男性はハッとした表情をして、「たしかにおっしゃるとおりかもしれません」といって立ち去っていきました。

また、善意から霊媒師だという人の元へ連れて行かれたこともあれば、霊感がある私の同級生に「清めの塩を持っていけ」と言われたこともあります。私の仕事の内容を知り、心配してくれたのでしょう。その気持ちはわかります。もし現場で亡くなった故人が喋れるなら、私に恨みをぶつけることだってあると思うからです。

しかし、具体的な姿を見たり、声を聞いたりしたわけではないので、「霊は存在するか」とたずねられても、私には「わからない」と答えるほかないのです。

ただ、そういった故人の感情や思念の一部がくっつくということは、ありえない話ではないと思います。とはいえ、どうせ霊となって取り憑くなら、赤の他人である私などよりも、愛した人や親しい人のほうがよほどいいのではないかと思うのです。

たとえばこんなことがありました。70代くらいの女性が孤独死したということで、その息子さんから特殊清掃の依頼がありました。女性はちゃぶ台に座った状態で亡くなっていたのですが、発見されるまでにかなりの時間が経っていたため、畳の上には無数の虫の死骸があり、遺体の跡も腐敗臭もそれはひどいものでした。

しかし私は嫌な気持ちにはなりませんでした。というのも、その部屋にはたくさんの紐が縦横に張られ、故人の息子と孫の写真がいくつも飾られていたからです。なんて愛情にあふれた部屋だろう、そう感じました。

そして清掃を終え、遺品整理をしていたときです。遺体のあった小さなちゃぶ台の奥には水屋箪笥《みずやだんす》があり、そこには食器類が収められていました。こういった生活用品は、高価なものでない限りはそのまま廃棄を依頼されることが多く、このときも貴重品以外は処分することになっていました。

入っていた食器を一つひとつ確認しながらガラ袋に入れていったのですが、気になるものがありました。何の変哲もない、ドーナツ店の景品のマグカップです。こういった景品が使われずにただしまわれているということはよくあることです。未使用のようでしたが高価なものではありませんし、取り立てて見た目におかしなところはありません。しかし私は、なにか故人の気持ちがこもっているような気がして、他の貴重品とともに保管し、依頼主に渡すことにしたのです。

息子さんの反応は意外なものでした。渡したダンボール箱の中からそのマグカップを見つけた途端、「ああ！」と大声を上げ、「お母さん、こんなものをとっておかなくたっていいのに……」と嗚咽《おえつ》を漏らしました。故人は、息子からのほんの小さなプレゼントを、それはそれは大切にしていたのでした。

現場には、間違いなく死者のエネルギーがあります。しかし、それはなにも恨みや悲しみといったものだけでなく、愛のようにあたたかなものであることも多いのです。そして、その想いを汲んで、故人に代わって死後の後始末をすることが私の務めです。

とはいえ、死者を悼むことはあっても、成仏させようなどとは考えていません。救うべき相手がいるとしたら、それはあの世の住人ではなく、目の前で苦しんでいる、この世に生きている人ではないかと思うからです。

新型コロナウイルスがもたらすもの

おそらく、これから孤独死は急激に増えていくことが予想されます。その原因は、新型コロナウイルスです。

2020年4月7日に新型コロナウイルス感染症緊急事態宣言が発出されました。当然ながら、私の仕事にも影響はありました。とはいっても、人は日々亡くなっていきますから、特殊清掃の依頼が途絶えたということはありませんし、ウイルス対策といっても、そもそも現場では殺菌を徹底していて防毒マスクやゴーグルを着用しますから、作業内容もそれほど変わりません。また、死因としても、新型コロナウイルス感染症が原因だったのは数件程度で、いずれも病院で亡くなった方の遺品整理の依頼でした。

では何が変わったのかというと、雇用の依頼が増えたのです。

このコロナ禍で、建設や解体の多くの現場が止まり、そこで働いていた職人さんたちも仕事を失いました。職人さんたちの中にはまともに確定申告をしておらず、持続化給付金などの助成金を申請できずにいる人も多かったのです。そんな人たちから私のところに、「何か仕事はないか」と、数多くの問い合わせがあったのでした。

飲食や旅行業界はともかく、ＩＴ系や流通、インテリア業界など、この新型コロナ禍でむしろ潤っている業界はありましたし、体力のある大企業であればしばらくは持ちこたえることもできるでしょう。ダメージを負ったのは、中小企業の経営者やそこで働く社員、個人事業主です。

これから、新型コロナウイルスによるパンデミックが発端となり、大不況が起こってさらに社会不安が高まると、自殺という形で亡くなる人が増えると考えられます。私の体感では、自殺する人の半数は個人や中小企業の経営者なのです。

日本では、バブル崩壊後の１９９８年に自殺者が急増し、２０１１年まで毎年3万人以上が自殺するという異常な状態が続きました。さらにリーマン・ショックが起こった翌年の２００９年には一時的に増加しています。[※6]

失業率と自殺の関連は実証されており、リーマン・ショックの翌年に自殺者が増えたのは、やはり失業した人が多かったからだといわれています。新型コロナ禍では、２０２０年4月から6月期の実質ＧＤＰ成長率が戦後最悪の結果となったこともあり、リーマン・ショックとは比較にならないほどの社会不安がもたらされるはずです。

リーマン・ショックが起きた当時、特殊清掃の仕事では、自殺を原因とする現場が目に見えて多かったわけではありません。しかし、株や為替で大きな損害を出した投資家が自ら命を絶ってしまったというケースは世の中にかなり多かったように思いますし、鉄道での飛び込み自殺で電車が遅延することもよくあったと記憶しています。

事実、私が当時住んでいた部屋は、株取引を生業とする資産家が練炭自殺をした部屋、いわゆる事故物件でした。私は付き合いのあった不動産屋から「事故物件に住んでくれないか」と頼まれ、一等地に建つ１２０平米はある高級マンションに格安の賃料でしばらく住んでいたのです。特殊清掃の仕事とは異なる形で、不況を実感したものでした。

リーマン・ショックによって影響を受けたのは主に資産家でしたが、2020年の新型コロナ禍で影響を受けているのは、中小企業の経営者や、そこで働く従業員です。おそらく、再就職の目処が立たずに収入が途絶えたり、資金繰りがうまくいかなくなったりして、経済的に頓挫してしまうケースもかなり増えるでしょう。

2020年8月の時点で、自殺者は前年に比べ15%増加したそうです[※7]。女性の自殺者が増加したことも、これまであまり見られなかった現象です。また、失業率が高まることで、年間の自殺者数は4万人以上になるとの予測もあります[※8]。

経営破綻や借金を苦にしての自殺だけでなく、社会的に孤立してしまったことで自室で誰にも知られずに死を迎える人や、生活苦から住処をなくして空き家で人生を終える人が、さらに増えていくのかもしれません。

これから起こるであろう孤独死が、せめて、「故人の死を誰ひとり偲ぶ人がいない状態」ではないことを祈るばかりです。

事故物件 file No.01

警察が入室した痕跡。異常が感じられる部屋は警察立ち会いのもと、業者が鍵を開けるか、ベランダより侵入する。

大学生が餓死した部屋。自身のつらさを誰にも告げることができなかったのか。

ご遺体の跡。故人は若い方だったので脂分が多く、染みとして残りやすい。

浴室前でドアノブに紐をかけ縊首（いしゅ）。

表面の汚れだけではなく、ユニットバスの下まで脂分や体液が広がっている。この状態から回復するのは、特殊清掃の中で一番難しい作業。

第2章

自ら命を絶つ人々

からだの寿命とこころの寿命

遺族のやるせなさ

特殊清掃の仕事で数多く遭遇するのが、自殺の現場です。体感的には、全体の3割程度を占めるでしょうか。

私は自殺も一種の孤独死だと考えています。なぜなら、自ら死を選ぶということは、他人との関わりを拒否することにほかならないからです。ただし、自殺の現場には、他の孤独死の場合よりも、発見が早いという特徴があります。亡くなってから数年後に遺体が見つかることもあるなか、自殺の場合は長くても数週間、早ければその日のうちに発見されることもあるのです。

その理由は、自殺という手段を選ぶまでの間、仕事や経済面、人間関係といった悩みを抱えている、つまり、死の直前まで人との関わりが生じているからです。そのため、自人との交流を絶って孤独に亡くなっていく場合よりも発見されやすいのです。また、自殺に際して、なんらかのメッセージを有形無形に発していることがあり、これも発見が早まる理由のひとつだと思います。

この「発見が早い」という特徴ゆえに、自殺の現場は、特殊清掃の作業としては比較的、負担が軽いという側面があります。なぜなら、死後の経過日数が短いほど、遺体の傷みは少なく、腐敗臭や汚れもそれほどひどくはならないからです。また、生前に身辺整理を行っていることも多く、部屋自体がきれいで遺品整理がしやすいということもあります。ただし、この現場には、特殊清掃の作業とは別の苦しさが常に付きまといます。そのひとつは、遺族の存在です。

「どうして一言でも相談してくれなかったのか」

「あのとき、ああしていればこんなことにならなかったかもしれない」

残された家族は、深い悲しみと、怒りにも似たやるせない思い、そして自責の念にとらわれることになります。そんな遺族の思いを直接聞くこともあれば、ただその切ない佇《たたず》まいから、間接的に苦しみが伝わってくることもあります。

そんな自殺の現場を訪れ、自ら死を選択した故人の遺体の跡を清掃し、遺書を含めた遺品の整理をしていると、私自身もつらく、複雑な思いにとらわれるのです。

長患いの父が
命を絶った団地

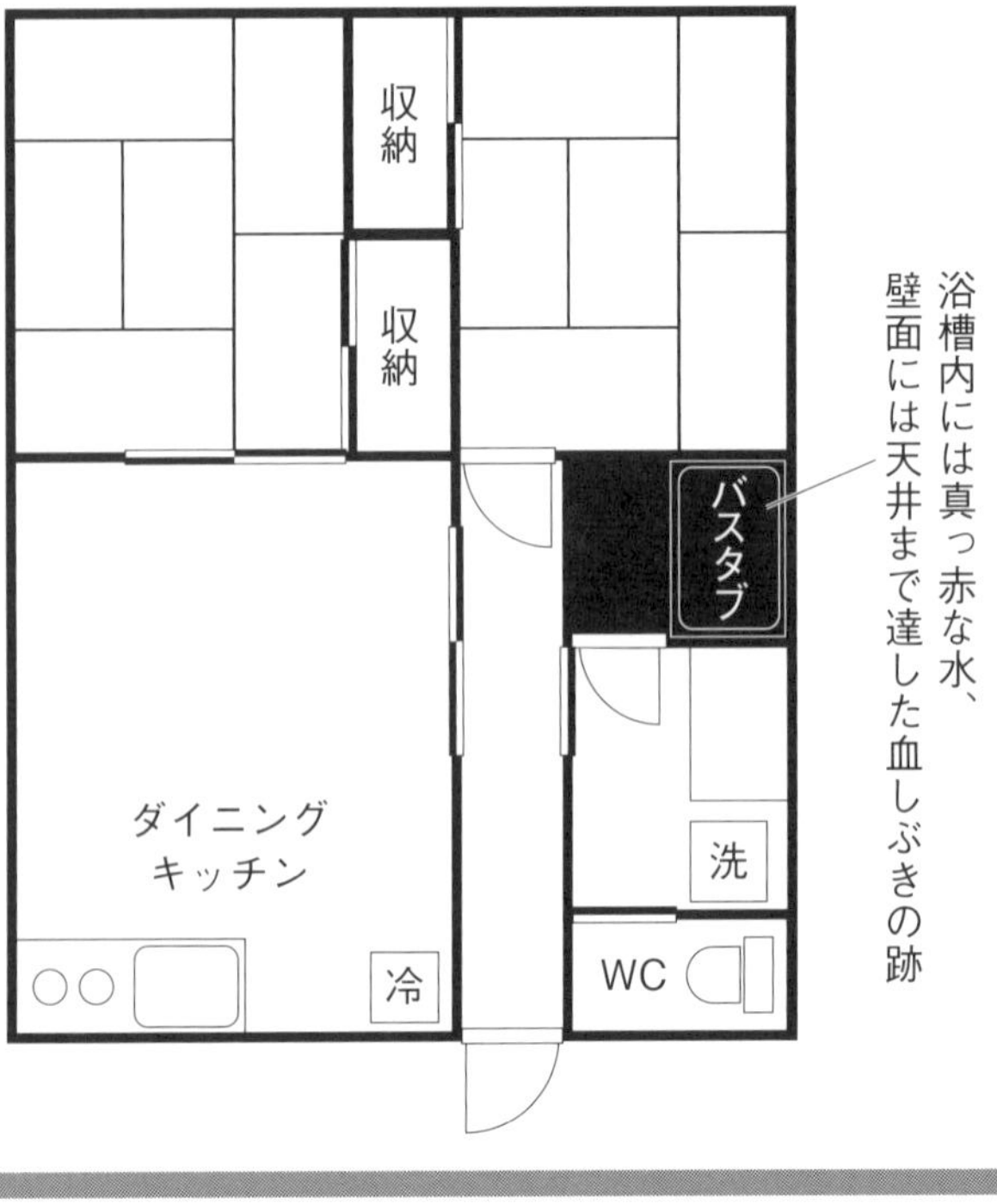

浴室の10円カミソリ

ある晩秋の昼下がりのことでした。車での移動中、携帯電話に事務所宛の電話が転送されてきました。出てみると若い女性の声で、特殊清掃の依頼でした。

「父が死んだと聞いてすぐに駆けつけたのですが、警察の方からは現場を見ないほうがいいと言われて、どんな様子なのかはわからないのです」

憔悴《しょうすい》しきった様子の女性の声からは、父の突然の死を受け入れなければならなくなった緊迫した状況がうかがえました。亡くなったのは浴室だったそうです。

私は直感的に自殺ではないかと感じ、「ご安心ください、すぐにうかがいます」と伝え、そのまま現場に向かうことにしました。

指示された住所には古い団地があり、その入り口で待っていた20代ほどと見られる女性が依頼主でした。「来てくださって本当にありがとうございます」、そう言って私の右手を震える手で握りしめてきたことから、彼女が相当の不安を感じていたことが伝わってきました。

さっそく部屋に上がると、生臭い血の臭いが鼻につきました。そして、廊下の床には遺体の搬送中にポタポタと垂れたであろう血痕が続いていたことから、その血生臭さの元が浴室にあることがわかりました。さらに浴室に近づいてみると、浴室と廊下とを隔てる折り戸の曇りガラスには、無数の赤い点、そして手の跡が見えます。意を決して扉を開けると、そこには、電話を受けたときにすでに予想していたとおりの惨状が広がっていました。

浴槽内には血で染まった真っ赤な水。壁面には、風呂椅子を起点として、天井まで達した血しぶきの跡。死の間際にもがき苦しんだのか、血まみれの手で触ったと思われる跡が浴室内の至るところに見られました。首の動脈を切っての自殺でした。

依頼主の女性に見積もり金額を伝えると、すぐに作業をしてほしいと言われました。幸い、車にひと通りの作業ができる資機材を積んでいたため、そのまま清掃作業を行うことにしました。私としても、肉親を亡くした直後で動揺している依頼主にあの惨状を見せるわけにはいきませんから、すぐに清掃に取り掛かろうと思ったのです。しかし、その前に、女性にこう問いかけられました。

「清掃する前に、浴室の状態を見せていただけませんか？　どうしても父の最期の様子を知っておかなければいけない気がするんです」

私にはとても勧める気にはなれませんでしたが、結局は、強い意志を感じさせる女性のまなざしに負け、自殺の現場まで付き添うことにしました。

そして浴室のドアを開けた瞬間、彼女は腰が砕けてよろめきました。特殊清掃の現場に慣れている私でも、あの血で染まった浴室に入ると無条件に衝撃を受けたのですから、一般の方、それも肉親であれば無理もありません。しかしすぐに立ち直ると、浴室全体を目に焼き付けるようにゆっくり見渡したあと、ダイニングの奥にある和室で畳の上にへたり込み、静かに涙を流しました。

私はそっとふすまを閉じ、やはり見せるべきではなかったと思いながらも、作業に取り掛かることにしました。私にできることをやるしかありませんでした。

現場は死後半日ほどしか経っていないため、腐敗もしていなければ、虫も発生していません。まずは左手に洗浄剤のスプレーを、右手に雑巾を持ち、浴室までつながる廊下に点々と付着した血痕を拭っていきました。

次は遺体のあった浴室です。いつものように「お疲れさまでした」とつぶやき、塩と酒をひとつまみして浴室内に弾くと、作業を開始しました。

浴槽内の水は血で赤く染まっています。しかし配管を詰まらせるような異物はなく、そのまま流しても問題なさそうでした。そして、血しぶきがかかった残置物を一つひとつ処分していきました。シャンプー、石鹸、洗面器、歯ブラシ、肌着……。次々とゴミ袋に入れていくと、浴室の片隅にあるカミソリが目に入りました。

安物の、いわゆる10円カミソリです。そのピンク色の柄は血液で濡れ、親指と人差指の指紋がくっきりと残されていました。掻き切った首からおびただしい量の血が噴き出す中、意識が遠のいていき、手の力が抜けて床に落ちた10円カミソリ……。これが家主の命を奪った凶器であることは間違いなさそうでした。警察は現場検証で事件性がないと判断すると、現場に凶器をそのまま置いていくのです。

死後間もなかったこと、また浴室で大量に水を使えたことで、作業自体はスムーズに終わりました。堪えたのは、やはり遺族の方が、親が自殺したという事実に直面する様子を目の当たりにしたことです。

清掃を終えた浴室を確認してもらうと、依頼主の女性はただうなだれ、丁重な礼とともに「遺品整理だけは自分でやります」と話しました。聞けば故人は60代、妻とも死別して団地で一人暮らしをしており、長く持病を患った末の自殺ということでした。

実はこの依頼主の女性は、2日前に故人に会っていたのだそうです。そのときに言われた「今までありがとう」という言葉に、違和感を覚えていたと言います。おそらく故人はそのときすでに死ぬ覚悟を決めていたのでしょう。

遺書がなかったため真実はわかりませんが、女性から聞いた故人の生前の様子からは、家族に面倒をかける前に逝《い》こうと考えたのではないかと思われました。私には、故人は最後までプライドを持って生きたのだと感じられましたが、その決断は、遺族にとっては到底承服しがたい、やりきれないものなのです。

自殺の覚悟

自殺があった部屋には、独特の雰囲気があります。それは、身辺整理をしてから亡くなる人が多いためではないかと思います。何かあったときのために、旅行に出かける前や入院する前に部屋を片付けていく人は多いと思いますが、自殺があった部屋の、時が止まったかのような静かな雰囲気はそれらとは根本的に異なります。場合によっては、遺品から写真や手紙などの過去の思い出の品がまったく出てこないこともあるのです。誰にでもどうしても捨てられないものはあると思いますが、そんな想いのこもったものを一切なくして命を絶つという最期は、なんと寂しいものでしょうか。

たとえば以前、「計画自殺」とでも言うべき現場に遭遇したことがあります。

その部屋の主は、認知症を患っていた母とともに、ぶらさがり健康器に首を吊って亡くなっていました。その際、死後に部屋を汚さないよう、紙おむつを穿《は》いて首を吊り、床にはブルーシートまで敷いていたのです。人は縊死《いし》すると肛門が緩み汚物が漏れ出るということを知っていたのでしょう。もちろん、室内はすみずみまで整理整頓が行き届いていました。

しかも驚くことに、自殺した本人はあらかじめ、葬儀や墓、そして私にも見積もりを依頼し、その連絡先を依頼主となった妹さんに伝えてから自殺したということでした。

また、遺品整理をしていると、自殺に至った理由がそれとなく読み取れることがあります。先に紹介した浴室での自殺では、現場に分厚いレンズのメガネと高齢者用の紙おむつが残されていました。おそらく故人は、理解力や判断力は衰えていないにもかかわらず、身体機能が低下して体が思うように動かないというもどかしい状態に苦しんでいたのでしょう。

また「計画自殺」の現場では、部屋の片隅にあった卓上カレンダーの裏に母親の書き残したメモがあり、日を追うごとに認知症の症状が進行して、親子仲がうまくいかなくなっていった様子が伝わってきました。決意したうえでの自殺は、その覚悟が遺品にも表れるのです。

もちろん、衝動的な自殺の現場も数多くあります。

ただ、自殺だと判断されたケースでも、実は事故だったということはあるのかもしれません。たとえば、自慰行為の最中に亡くなった可能性が考えられるケースがこれまでいくつかありました。

首つり自殺と聞くと、椅子の上に立って高い場所から垂らしたロープに首をかけるシーンを思い浮かべる人が多いと思います。実際に特殊清掃の現場で見つかるのも、ぶらさがり健康器や和室の鴨居、ロフトなどに紐をかけた形跡です。

しかしまれに、ドアノブにかけた紐やタオルで首を吊って亡くなったという現場に出くわすことがあります。しかも、なぜか決まって下半身だけが裸だったというのです。

孤独死の現場ではズボンを穿いていない状態で亡くなることは珍しくありません。ただそれは、突然の体の異変からトイレに駆け込もうとしていたり、急激にお腹を下したりしたと考えられる場合です。自殺を図るそのときにズボンを脱ぐというのは、一体どういうことなのでしょうか？

実は一時期、首を絞めながら行う自慰行為がインターネット上の一部で流行していたと聞いたことがあります。もしもドアノブを使った首つり自殺の真相が、自慰行為の最中に起こった事故死だったのだとしたら……。それは自殺と同じくらい、不幸なことかもしれません。

遺書に残された「謝罪」と「恨み」

自殺現場の遺品整理を行っていると、遺書が見つかることがあります。そこに書かれている故人からのメッセージは、大きくはふたつに分かれます。それは「謝罪」と「恨み」です。

謝罪のメッセージとは、生きていることに限界を感じて死を選んだことを詫びる言葉です。志半ばで挫折した人、重病を患って絶望した人、取り返しのつかない過ちを犯した人……。ただ、そこには、感謝の気持ちも込められていることがあります。一人暮らしをしていた若者が自殺し、「先立つ不幸をお許しください」という親に宛てた遺書が見つかったこともこれまで多くありました。

一方、恨みのメッセージには、相手を責める言葉が書き連ねられています。それはつまり、「あなたのせいで私は命を絶つのだ」という意思表示や自己顕示です。

この恨みの言葉が書かれた遺書が出てきたときは、遺族に「決していいことは書いてありませんが、読みますか？」と聞くことにしていますし、受け取りを拒否されれば、神社で燃やすなどしかるべき方法で処分します。

遺書は、法的な文書である遺言書とは異なる私的なメッセージですから、遺族が読まなければならないという義務はありません。そして多くの場合、恨みのメッセージは、遺族が生きていくうえで不必要なのではないかと私は思っています。そのことを強く確信させた事例を、次にご紹介しましょう。

その特殊清掃の現場は、40代半ばの女性が自殺をしたという、2DKのマンションでした。おむつを穿いて浴室で首を吊っていたそうです。

部屋の中はどこも小ぎれいに整えられていました。自殺を決意したあとに身辺整理も行ったのだと思います。持ち物は、高価ではありませんが趣味のいいものばかりで、故人の品のよさが伝わってきました。

依頼者は故人の甥で、作業が終わったあと、その報告と遺品の引き渡しのために自宅までうかがうことになりました。実は部屋からは、いくつかのアクセサリーのほか、30万円ほどの現金も見つかったのです。

私は依頼主の男性の部屋におじゃまして、遺品とともに現金の入った封筒を差し出しました。ところがなぜか、かたくなに受け取ろうとしないのです。かといって私が持ち帰るわけにもいきませんから、封筒の押し付け合いのようになり、ついには「わかりました、受け取ります」と手にしたあと即座に「お疲れさまでした、これでお茶でも飲んでください」と渡し返すといったありさまだったのです。

そのあまりの様子に事情を聞いてみると、故人から生前に送られてきたという遺書が原因でした。その遺書には、依頼主の母親、つまり故人の姉への恨みの言葉が延々と書かれていたそうです。私には上品な人物に思えた故人が、肉親に対しては深い憎しみを抱いていたことが驚きでした。しかし依頼主にとってみれば、その内容はあまりに一方的で、まったく受け入れられるものではなかったのです。

幼い頃にはよくしてもらったそうですが、いつから精神を病んだのか、性格が一変して姉妹が仲違いしてからは疎遠になり、ある日突然、大切な母を一方的に責める言葉が書かれた遺書が送りつけられたのです。その相手の残したお金を受け取ることなどできないという気持ちはよくわかりました。

私はせめて、特殊清掃の費用に充てたらどうかと提案しましたが、あの世で会ったときに堂々としていたいのだと話し、あくまで受け取ろうとはしませんでした。私はそんな思いを、ただ聞くことしかできませんでした。

自殺によって残された遺族の感情は、それほど複雑で繊細なのです。

体の寿命、心の寿命

介護を続けることが苦しい、受験に失敗した、不倫相手に捨てられたなど、自殺の原因は実にさまざまです。しかしどの自殺者にも、ひとつだけ共通点があります。それは「私はこの世に不要だ」という思い込みです。

もちろん、その考えは追い詰められたがゆえのものであり、冷静になりさえすれば自殺以外の解決手段はいくらでも見つかるはずです。

ただ、自殺する人の想いを一方的に否定することはできないとも思います。少なくとも、自殺した本人以外がその是非をとやかく言うものではないと思うのです。登山と同じで、人生の最期という頂上へと向かう道のりに、いいも悪いもありません。

ある自殺の現場では、「葬式の際の説法で『自殺した人間は死後、通常の死者とは異なる世界へ行く、だから死後に会うことはできない』と言われた」と遺族の方が悲しそうに話したことがありました。私は憤りを感じて「そんなことはありません、またきっと会えますよ」と慰めたものです。

説法をした僧侶からすれば、自殺を防ぐための方便だったのかもしれません。しかし、わざわざ「もう二度と会うことはできない」と遺族の気持ちを傷つける必要があるのだろうかと疑問に感じました。

私がこう思うのは、年齢と経験を重ねるにつれ、自殺を選ばざるを得なかった人の気持ちが徐々に理解できるようになってきたからでしょう。

私はこれまで、「自殺だけはしてはいけない」と考えてきました。それはこの仕事を通して、遺族の激しい感情に触れたり、大家と遺族の諍《いさか》いを仲介したりする中で、自殺が引き起こす顛末を嫌というほど目にしてきたからです。

今の私はこう考えます。「寿命にはふたつある。ひとつは体の寿命、ひとつは心の寿命だ」と。

体の寿命を迎えて人生をまっとうする人もいれば、体は元気でも、心が寿命を迎えて亡くなる人もいます。人は、病や怪我で苦しんだ末に、健全な精神のもとで自ら死を選ぶことだってあるのです。

もちろん、自殺を推奨するつもりは一切ありません。

そうではなく、自ら人生の幕引きを図った人の思いを無下にしたくはないのです。そもそも、頭ごなしに「死んではダメだ」と言ったところで、そこまで追い詰められた人が素直に耳を傾けるでしょうか。

自ら死を選ぼうとしている人は、どうしようもないほどつらい思いを抱えています。その苦しみや悲しみ、心の痛みは、本人以外は誰にも理解できません。他人からはささいなことで思い悩んでいるように思えたとしても、本人は「死んだほうがまし」だと思うような、耐え難い苦痛を感じているものです。

ただ、解決方法が見つからないと感じるほど追い詰められているときは、実は「現実」が見えていないときでもあるのではないかと思います。絶望しているとき、人はまだ現実のものになっていないことを想像し、それこそが現実であるかのように錯覚してしまうのです。

「この先も苦しい思いがずっと続くだろう」

「今よりももっと悪い状況になるに違いない」

ついそんな思いにとらわれてしまう、これは私自身も経験してきたことです。しかし、良くも悪くも、未来に何が起こるのかは誰にもわかりません。

そして、何かの原因で苦しい思いをしているとき、その原因がなくならない限り救われることはないと考えがちです。だからこそ人は絶望してしまうのですが、私は、幸せは苦しさの反対側ではなく、苦しさのすぐ隣にあるのではないかと思うのです。

たとえるなら、幸せとは太陽のようなものです。その姿が見えていなくても、本当はいつでも存在しています。むしろ、夜があり、曇りや雨の日があるからこそ、太陽のありがたさが実感できるのです。

つらいこともあるからこそ、日常のちょっとした喜びや、すでに自分が持っているもの、ずっと昔からの誰かとのつながり、そういった、ふだんは「当たり前のもの」として意識していないことを「ありがたい」と感じられる。それが幸せの正体ではないでしょうか。テレビの中を探しても、インターネットの中を探しても、そこに幸せが見つかるはずはないのです。

だから、もし目の前で自らの命を絶とうという人がいたら、きっとこう声をかけるでしょう。「下を向いたままでもいい。一歩外へ出て、現実の世界をありのままに感じてみてほしい」と。


道を歩けば、アスファルトの裂け目から咲く一輪の美しい花を目にするかもしれません。公園のベンチに座っている母親に抱かれた赤ちゃんと目が合って、微笑みかけられるかもしれません。コンビニの店員さんの笑顔の優しさにふと気づくかもしれません。

私は、人が生きる目的は、まさに「生を謳歌すること」だと思っています。だからこそ、今、この一瞬を大切にしてほしいと思うのです。

記憶の清掃

自殺の現場がどれほどいたましいものなのかがわかる事例を、最後にひとつ紹介しましょう。ただしこれは、自殺であると同時に、他殺、つまり殺人事件の現場でもありました。

亡くなったのは、ある閑静な住宅街の一軒家に住む、高齢の夫婦です。同居していた40代の娘さんが第一発見者でしたが、心労のあまり動けず、私に特殊清掃を依頼してきたのは、別の場所に住む親戚の男性でした。

自殺した夫はうつ病を患っていたそうで、妻のあるひと言で激昂し、出刃包丁で妻をめった刺しにした挙げ句、自分の首を切ったのでした。実はこの事件はテレビのニュースでも報道されていたため、私もある程度はことの顛末《てんまつ》を事前に把握していました。依頼があったのは、事件発生の数日後です。

現場は、野次馬と警察に囲まれたものものしい雰囲気で、敷地の周囲に張られたロープをくぐって家の中に入ると、そこはまさに血の海でした。

まず、キッチンには血に濡れた床にスリッパの跡がありました。続くリビングには素足の跡しかなかったため、妻は最初にキッチンで刺され、包丁を手にした夫に追われる中でスリッパが脱げ、素足のまま慌ててリビングに逃げ込んだのでしょう。そして一面が血まみれとなっていた浴室が、妻が絶命した場所だったのだと思います。大量の血液は、執拗に刺し続けたためだと思われました。

そして、リビングのソファには、片側にだけ激しい血しぶきの跡がありました。夫は、妻を殺害したあとにここに腰掛け、自らの首を切ったのです。ソファにもじゅうたんにも、かなりの量の血液が染み込んでいましたし、部屋中に飛び散った血は、キッチンの引き出しの中にまで及んでいました。

血しぶきは切りつけた方向に飛び、血溜まりは刺した場所の床にできます。部屋中に飛び散った血痕をたどると、事件当時の様子がおぼろげながらわかりました。妻の感じた恐怖と痛み、夫の激しい怒りと諦念《ていねん》、そして変わり果てた両親の姿を目にした娘が受けた衝撃……。

事件発生からそれほど時間は経っていなかったものの、血痕が広範囲に及んでいたため、通常の特殊清掃に加えて、全面的にリフォームをする必要がありそうでした。しかも、殺人事件ということで、検死後の遺体がまもなくこの家に戻されるとのことでした。それまでにすべての仕事を終えねばなりません。

いつものように隅々まできれいにするにはあまりにも時間が足りなかったため、「この状態ではもうここで生活はできないと思います。今回は表面上の清掃しかできませんが、それでもいいですか？」と娘さんに伝えました。

最初に両親の死を発見した娘さんは当然のことながら目に見えて動揺していましたから、完全な清掃はできなくても、この部屋を見て事件を思い出さないようにする必要があると思ったのです。つまりこれは、両親の凄惨な死の記憶を消すためだけの特殊清掃でした。

作業内容の承諾を得て、私は床や家具の表面に飛び散った血液を拭き取っていきました。引き出しの中の生活用品も食器やスプーンに至るまでできる限り拭き、血を吸ったじゅうたんは処分しました。

作業後、2階で待機していた娘さんが降りてきて、小さな声で「これで十分です。ありがとうございました」と言ってもらえました。生活が落ち着いたら、業者に片付けを依頼するつもりだと話していましたが、その後、この一軒家と娘さんがどうなったのかはわかりません。ただ、彼女はこれから先の人生を、事件と自殺の記憶を抱えて生きていくことになります。

人が自ら死を選択するに至るには実にさまざまな理由があり、その是非を問うこと自体にあまり意味はないように思います。大事なのは、残された遺族がどう生きていくかなのです。だからこそ私は、特殊清掃以上に、遺族の声に耳を傾けることが務めだと考えています。

盆暮れになると、これまで手掛けてきた自殺の現場の依頼主から贈り物が届くことがあります。この仕事をしていて、こんなにうれしく、ありがたいことはありません。しかし、最初はありがたく受け取っても、3回も続けば遠慮するようにしています。

なぜなら、私のことを思い出すということは、つらい自殺の記憶も思い出すことになると思うからです。

事故物件 file No.02

練炭を使った自殺。故人はユニットバスの浴槽内で空気が薄くなるのをじっと待った。苦しまず死ねたのであろうか。

枕元付近に鮮血が飛び散る。おそらく鼻の動脈が切れ吐血したのであろう。

玄関ドア下から体液が廊下に流れ出る。

ドアを開けると、黒い染みが一面に広がっていた。我が家へ帰ってきて調子を崩したのか、調子が悪く病院へ出かけようとして息絶えたのか。

第3章

生きづらさの果てに

織細すぎる魂と不安が命を奪う

現場から見る精神疾患

「ＡＤＨＤ」という言葉が広く知られるようになりました。「注意欠陥・多動性障害」という精神疾患を指す言葉で、ひとつの作業に集中できない、じっと座っていられないといった症状があります。多くは生まれつき、あるいは幼年期に発症する発達障害であり、一般的には療育や薬物療法を行いながら、社会生活を送りやすいように周囲がサポートすることで対応するようです。

最近は、子どもばかりでなく、大人の症例が増えているといわれています。大人の場合は、仕事や家事でケアレスミスが多かったり、約束を守れなかったりするため、社会に適応しづらく、人間関係がうまくいかないケースが多いのだそうです。

このＡＤＨＤをはじめ、パニック障害、うつ病、統合失調症、不安障害、認知症など、精神疾患の患者数は急激に増加しており、近年では400万人を超えています。[※9] これは日本人の30人に1人は精神疾患にかかっているということです。この増大の理由として、ADHDの診断基準が緩やかになったり、新型うつ病の存在が知られるようになったりと病気の解釈の幅が広がったこと、また精神疾患への理解が進み、精神科を受診する心理的ハードルが低くなったことなどが挙げられているようです。

しかしそれ以上に、人間関係がうまく築けない、経済的に困窮している、または育児や介護の負担が重いなどの理由で、社会的に生きづらさを感じる人が増えていることが背景にあるような気がするのです。ADHDのように落ち着きがなかったり、うつ病のように気分が沈んだりすることは誰しも経験することですが、インターネット上にあふれるさまざまな情報に触れているうちに「自分は精神疾患なのではないか?」と思い悩むようになって受診するということも、あるのかもしれません。

精神疾患に苦しむ人々のケアは現代社会における大きな課題ですが、特殊清掃の現場にも、精神疾患によって苦しんでいるたくさんの人たちがいます。たとえば、自立して生活を送ることが難しいほどの精神疾患を抱えた人が、支援してくれる人を失って孤立無援となってしまった場合、果たしてどんな事態が起こるのでしょうか?

紐で囲われた遺体跡のある家

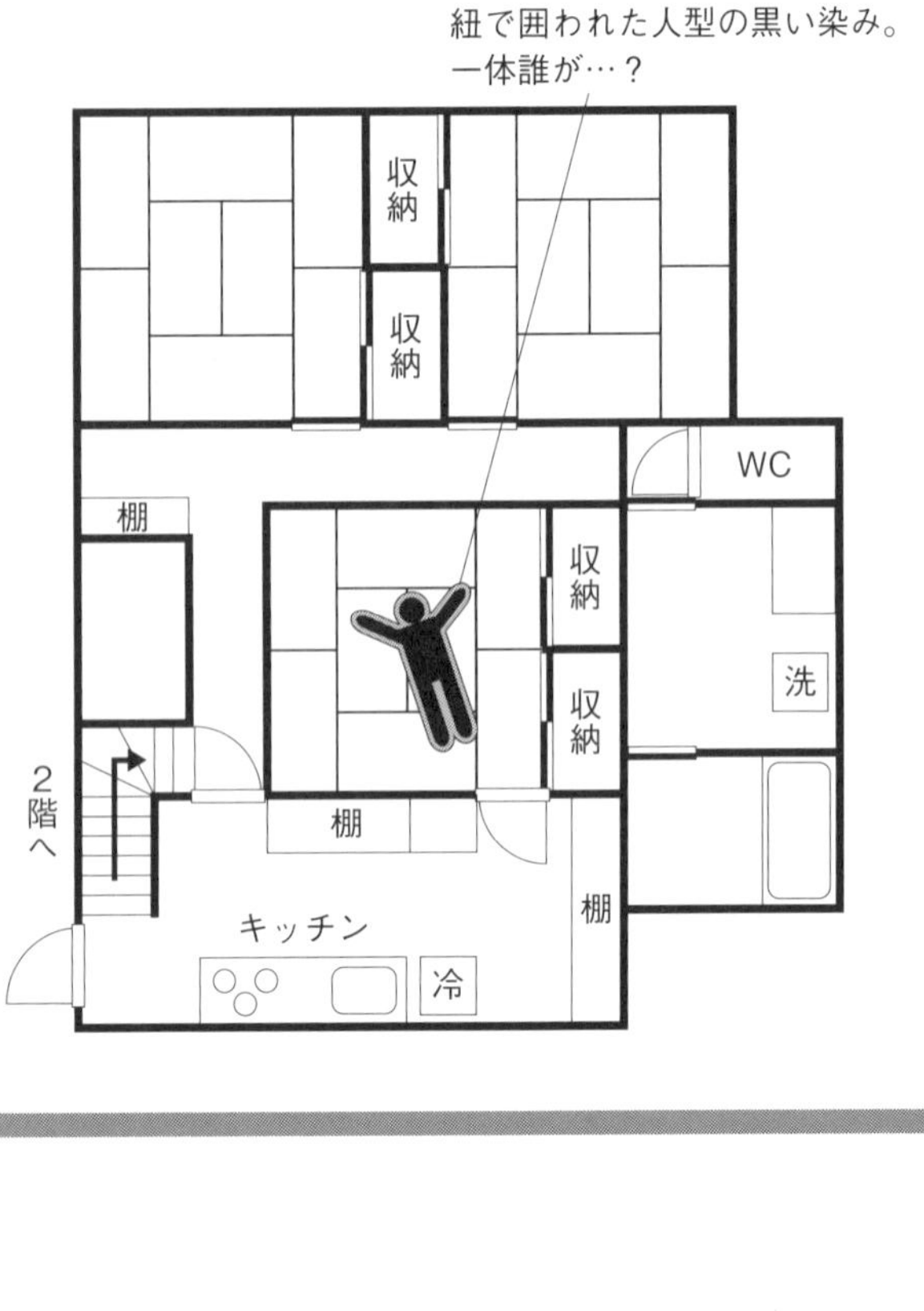

誰かが遺体跡の周りに……

ある日、私の元に一本の電話が入りました。依頼内容は、「嫁の実家で父が亡くなったので清掃してほしい」というものでした。さっそくうかがってみると、立派な一軒家で、ふたりの遺族が私を迎えてくれました。ひとりは亡くなった父親の娘。もうひとりはその義理の兄で、この男性が私に電話をかけてきた依頼主でした。

しかし、どうも妙です。状況としては、母親はすでに他界しており、父と娘で二人暮らしをしていたところ、父親が自宅で病死したということなので、いわゆる孤独死ではありません。そのとき、残された娘はどうしていたのでしょうか。彼女は30代で、誰もが知る大企業に勤めていましたが、話を聞いてみてもどうにも受け答えが食い違うのです。

たとえば「お父様はどこで亡くなられたのですか？」と聞くと、案内した場所に人の形にして置かれた紐を指差して、自慢気にこう言うのです。

「ドラマだと、死体の周りにチョークで線を描くでしょう？　なのに警察が手を抜いてやらなかったから、私が紐を買ってきて、お父さんの周りを囲んだんです」

遺体があったのは1階の居間で、紐で囲われたところには人型の黒い染みが残されていました。おそらく死後数週間は経っていたのでしょう、腐敗臭が家中に広がっていて、たくさんのハエの死骸も床に転がっているのです。

こんな状況で一体何を言っているのか、私にはとても理解できませんでした。


依頼してきた義兄に詳しく話を聞いてみると、こんな事情がわかりました。父親と連絡が取れず心配して様子を見に行ったところ、居間で倒れるように亡くなっていました。ところが娘は「しばらく前からお父さんが動かなくなった。お風呂も入っていないから臭いんだよ」と言ったのだそうです。要するに、この娘は精神疾患を患っているのでした。

大企業の社員として働いていたので、発症したのはおそらく入社後、もしかすると仕事の重圧が原因だったのかもしれません。2階にあった彼女の部屋は几帳面に整理整頓されていて、本棚に並ぶ参考書からは、学生時代には成績優秀であったことが見て取れました。

しかし、精神疾患を患ってからは、親のサポートなしでは生活するのが難しかったのでしょう。父親がなんらかの原因で突然死してしまい、そのことを認識できないまま、娘はしばらくの間、朽ちていく遺体とともに暮らしていたのです。

義兄がいて気にかけていたから、この状況が周囲の知ることとなりましたが、もしも誰も気づかないままだったとしたら、さらなる悲劇が起きていたかもしれません。

母子が暮らす家で起きた孤独死

この事例と同じく親子の二人暮らしで、子ではなく親が精神を病み、亡くなったケースもあります。これもやはり、同居人がいたにもかかわらず、母親は「孤独死」してしまったのでした。

その現場は、古い一軒家でした。母親は息子とのコミュニケーションを一切拒絶し、決して自分の部屋に入れなかったのだそうです。同じ家の中で、まだ若い母と20代の息子が互いに干渉せず、ひとつ屋根の下の別の部屋でそれぞれ暮らすという状況で、母が亡くなってしまったのです。

息子からの最初の電話では、「ゴミの処理をしてほしい」ということを伝えられました。しかし玄関のドアを開けると、明らかに死臭がするのです。その母親が暮らしていた部屋を見ると、それはひどい状況でした。生活ゴミが何層も重なって山のようになっており、おそらく病死だったのでしょう、そのゴミの山の上に敷かれた布団には、遺体の跡がありました。

驚いたのは、その布団があった周囲の壁の様子です。そこには、人を恨み、妬む言葉を書きなぐった紙が一面に貼られ、一部は壁に直接書かれたものもありました。「怨念」としか言いようのない迫力でした。どんな症状だったのかはわかりませんが、この母親は、精神疾患に苦しみ、世を呪って、ひとり亡くなっていったのです。

結局、この一軒家は大量の残置物を処分したあと、すべてリフォームすることになりました。同じ家に暮らす母に孤独死された息子は、どんな気持ちだったのでしょうか。

片付けられない女子のゴミ屋敷

こうした精神疾患が関係する特殊清掃を経験して感じるのは、精神疾患の症状の多くは、他者の感情を汲み取る能力が不足しているがゆえではないかということです。もっといえば、他者からの愛情を受け取る能力が欠如しているために、どれだけ愛を注いでも、穴の空いたバケツのように抜け落ちてしまうのではないかと思うのです。

もちろん、この、他者の感情を汲み取る能力は、病気であれ健康であれ、高い人もいれば低い人もいるでしょう。しかし、この能力は、社会生活を送るためには欠かせないものです。最近はコミュニケーション障害を意味する「コミュ障」、あるいはメンタルヘルスを損ねている人を意味する「メンヘラ」といったネットスラングが蔓延しており、精神的な不安定さを揶揄《やゆ》するこういった言葉が一般的に使われるようになっています。感情や愛情を受け取る能力が低下していることの表れではないかと感じます。

精神的な問題を抱えていたり、一般的に共通している感覚が欠如したりしているために、生活に支障をきたしてしまう、そんな例に特殊清掃の現場以外でも触れることがあります。孤独死には至らなかったとしても、ある意味では孤独死以上に悲惨な状況に陥っているケースもあるのです。

そのわかりやすい例が、いわゆる「ゴミ屋敷」です。部屋を片づけられない原因がだらしない性格ではなく精神障害にあるとした『片付けられない女たち』という本がかつて話題になりましたが、実際に、極端に整理整頓が苦手な人を目にすることはよくあります。

たとえば、ある女性から引っ越し後の残置物撤去の依頼を受けたことがありました。私は特殊清掃を生業としていますから、廃棄物の処理だけを依頼されることはそれほど多くありません。ただ、その人は私が出演したテレビ番組を観たようで、「この人なら事情を汲んでくれるのではないか」と思い、連絡をしてくれたとのことでした。

音楽に関わる仕事をしているか細い30代の女性でしたから、繊細な感性の持ち主だったのかもしれません。おそらく「自分には精神的に欠落した面があるのではないか」と、おぼろげながら自覚していたのでしょう。

うかがってみると、部屋中に大量のゴミ袋、そして大量の衣類が乱雑に放置され、足の踏み場がないほどに積み重なっていました。夜の仕事をしている女性の部屋がゴミ屋敷になっていたことはよく目にしていましたが、その女性は会社勤めをしていましたから、社会生活は問題なく送れていたのだと思います。しかし、掃除ができない、洗濯ができないなど、生活能力が著しく欠如していました。

下着を数日穿いてはそのまま脱ぎ捨て、また新品の下着を購入する。臭うのはいやだからゴミはまとめる、でもどうしてもゴミ収集に間に合わせることができない。そんな毎日を送っているため、部屋にはどんどん衣類とゴミが溜まっていくのです。そしていよいよ限界に達し、もはや新しい部屋に移り住むほかないという状況に陥ったとき、私に依頼してきたのでした。

この現場の清掃以来、その女性は定期的に私に連絡をしてくれるようになりました。まるで脱皮を繰り返すように、今も部屋が限界に達するたびに清掃と引っ越しをし続けているのです。

ゴミ屋敷から〝発掘〟されるもの

特殊清掃の現場では、部屋がゴミや物であふれている場合が少なくありません。そんなときは、特殊清掃や遺品整理に加えて、大量の廃棄物の処理を行うことになります。欠かせないのは、玄関やキッチン、浴室を先に片付けることです。まずはゴミを置く場所を確保してから、人の背丈ほどにも積み重ねられた残置物をスコップで〝掘って〟いきます。掘ってはゴミ袋に入れ、置き場がなくなったらトラックの荷台に運んでを何度も繰り返し、最終的には2トントラック10台分もの量になることもあります。

ゴミの山を掘っていると、想像もしなかったものが出てくることもあります。ある現場では、尋常ではない量の抗うつ剤が出てきたことがありました。おそらく自分が服用するだけでなく、インターネットで販売して生計の足しにしていたのでしょう。

銃器が出てきたことも2回あります。ひとつは、狩猟免許を持っていた故人の部屋の金庫で見つけた銃弾、もうひとつは大量のゴミの中から出てきた拳銃です。まさか本物だとは思いませんでしたが、もしやと思い銃口を見てみると、モデルガンならあるはずの銃口を塞ぐ板がなかったため、慌てて警察に連絡しました。結果的に本物で、しかも私の指紋しか検出されなかったため、事情聴取を受けるはめになったのでした。

あるときは、なんと遺体が出てきました。実は特殊清掃の現場には、歯や頭髪が落ちていることがよくあります。とくに頭髪は、流れ出た体液によって床に固着するため、遺体を運ぼうとするとずるりと床にそのまま残るのです。しかし、事前に警察が搬出するため、遺体そのものがあることはまずありません。

その現場の依頼内容は「住人が夜逃げしたから残置物を処分してほしい」というもので、部屋はまさにゴミ屋敷、トイレの中にさえゴミがあふれ、ドアが閉まらないほどでした。なんとか片付けていき、あとは押し入れの中を残すのみとなりました。そしてふすまを開けたとき、ミイラ化した遺体があったのです。

さすがに私も腰を抜かしそうになりながら、すぐに依頼主に電話してこう告げました。「夜逃げした住人が見つかりましたよ、押し入れの中で」。それ以来、作業前に押し入れの中の確認を欠かさなくなったことは言うまでもありません。

戸が開かないほど、ゴミが積み上がった部屋。こんな状態でも人の暮らしがある。

ペットの汚物にまみれたワンルームマンション

家中の床にペットの汚物が広がっている。
複数の小型犬が餓死していた

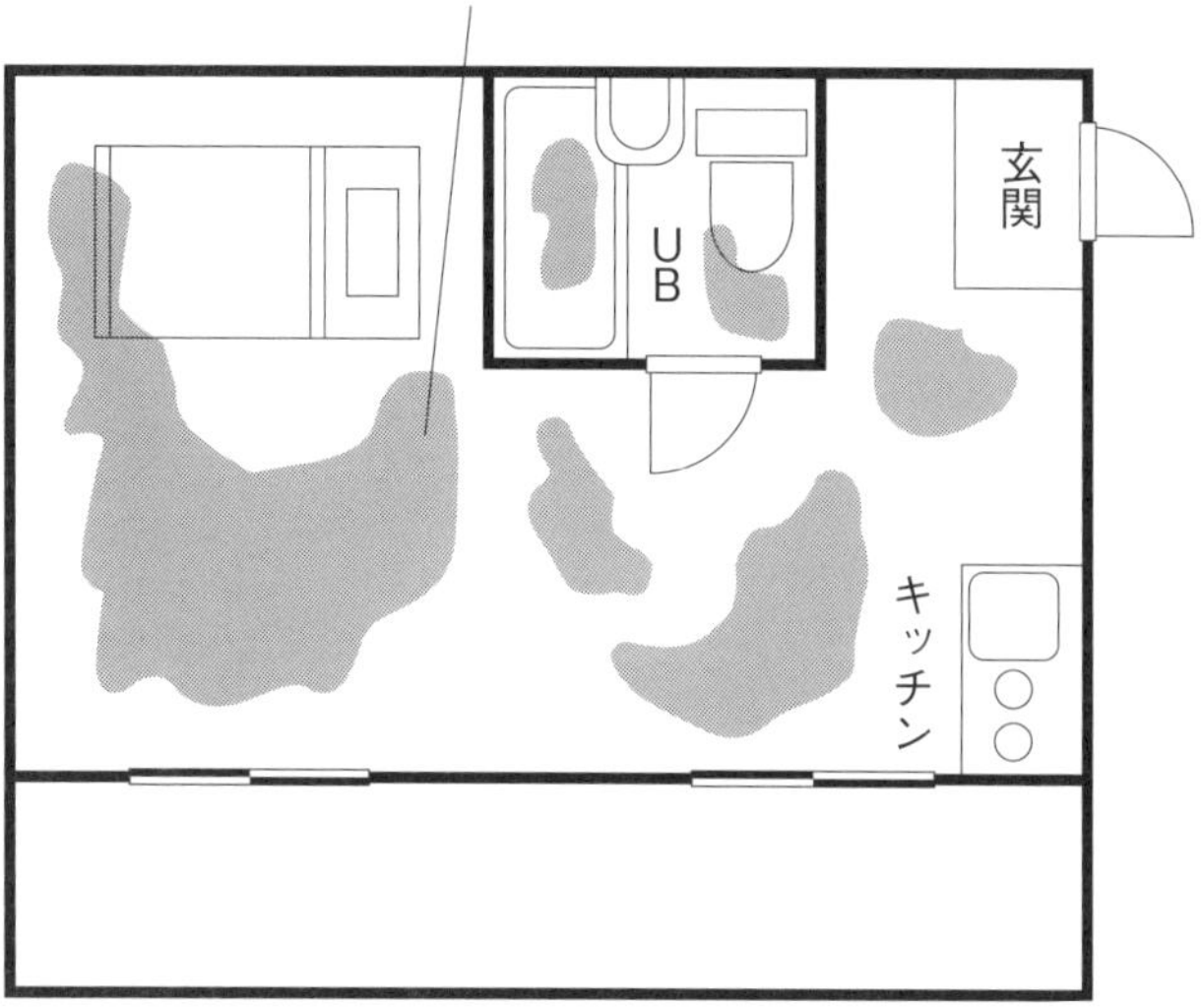

ペットに看取られる

ゴミ屋敷からは、ペットの死骸が出てくることもよくあります。寂しさを紛らわせるためなのでしょうか、とくに高齢者の孤独死の現場にペットはつきものです。ほとんどの場合、飼い主とともに犬や猫も死んでしまいますが、場合によっては飼い主が亡くなってもペットだけが生き残るケースもあります。

あるワンルームマンションの現場では、どんな理由があったのか、故人が15匹もの小型犬を飼っていて、発見時には2匹がなんとか生き残っていました。飼い主の死因は自殺でしたが、小型犬の死因は餓死です。

当たり前の話ですが、ペットは世話をしてくれる人がいなくなり、部屋から出られない状況に置かれれば死んでしまいます。自死を選んだ人には、せめてペットの逃げ道は用意しておいてほしかったと思わずにはいられません。

飼うときはペットの一生を面倒見ると思っていても、必ずしもペットが自分より先に死ぬとは限りません。ときにはペットに看取られるということだってあるのです。特殊清掃の作業中、気づくと猫が部屋の様子をじっと見ていることもありました。おそらく故人の飼い猫だったのでしょう。もしかしたらその猫は、亡くなった飼い主を偲んでいたのかもしれません。

現場で生きている動物を発見した場合は、犬や猫であれば専門のNPO法人に連絡して保護してもらい、インコや金魚などは私が引き取り手を探すか、私自身が飼うことになります。たとえ遺品はすべて処分するようにという依頼だったとしても、まさか殺生はできません。今も私の家では、たくさんの金魚が暮らしています。

ペット絡みの現場といえば、ある高級住宅街に住んでいた、アートコレクターの夫妻の家を思い出します。最初は「家がとてもひどい状態だから片付けてほしい」との連絡だったのですが、荷物は撤去しなくていいと言うのです。電話口で詳しい状況を聞こうとしても「実際に見てもらったほうがいい」と話すばかりで、訝《いぶか》りながらも現場に向かいました。

私が呼ばれた理由がわかったのは、ドアを開けたときです。糞尿の臭いと獣臭が玄関に立ち込め、奥からは犬と猫の激しい鳴き声が聞こえてきました。

「なるほど、これか」とようやく理解しました。

高級住宅らしく、玄関のたたきには無垢のフローリングが使われていましたが、そこには点々と動物の糞の跡がありました。そしてリビングに通されたとき、私は思わず顔をしかめました。というのも、床一面に大量の糞が撒き散らされていたからです。まるでリビング全体がトイレのようでした。

人の動線上にある糞は踏まれ、家中の床に茶色い汚物が広がっていました。おそらく餌だけを与え、夫婦が仕事で留守になる日中の時間帯は、家の中に放置していたのでしょう。

結局、私は犬の糞の臭いに耐えながら、依頼されたリビングだけを清掃しました。その他の部屋は、一体どうなっていたのでしょうか。

精神疾患と自殺

精神疾患に苦しんでいる人は、ときに自ら死を選んでしまうこともあります。ある不動産会社からの依頼でした。独り身の中年男性が自殺をして、死後1週間以上経ってから発見されたということでした。

大家さんから聞いた話では、この家ではもともと父子が暮らしていて、社会生活を営むことができない息子の面倒を父親が見ていたそうです。しかし、1年ほど前に父親が他界し、家賃をしばしば滞納することがあったと言いますから、息子はひとりで生活をすることはできても働くことが難しかったのでしょう。

そんなある日、その家の前を通った通行人が、首を吊ってぶら下がっている息子の姿を窓越しに見つけて警察に通報し、私が特殊清掃を請け負うことになりました。

見積もりのために現場を訪れてみると、その家は古い戸建ての賃貸物件でした。ドアを開けると、家の中が荒れている様子はなかったものの、やはり遺体の腐敗臭が鼻につきました。玄関の右手のリビングから部屋の様子を見ていき、まず見つけたのは鴨居から垂れ下がった紐。そしてその真下の床に、滴り落ちた体液と脂、そして糞尿が染み付いていました。

間違いなく、そこが故人の自殺した場所でした。紐が垂れていたのは、おそらく遺体を搬送する際に輪の部分を警察が切ったためでしょう。

リビングにあったガラス戸の付いた収納家具には古い日本人形がきれいに飾られていて、それとは対照的に、机の上にはさまざまな書類が整理されずに散らばっていました。奥にあったキッチンは調理道具がしっかり揃っているものの、しばらく調理をした形跡はありません。かつての親子の暮らしと、その後の精神疾患を患った息子ひとりだけの暮らしを垣間見た思いがしました。

思いも寄らない光景に言葉を失ったのは、ひと通り1階の様子を確認し終えて2階に上がったときでした。

パソコンゲーム、アニメ作品のＤＶＤ、少女のキャラクターのフィギュア、そしてキャラクターものの成人向け雑誌や書籍が、６畳の部屋の中、至るところにうず高く積まれていたのです。実在の女性が登場するものはひとつとしてなく、すべてがいわゆる二次元のアダルトだったのでした。これには、特殊清掃で慣れている遺体跡よりもずっと困惑させられました。

そして、最後に玄関を確認したとき、靴箱の上に置いてあるレポート用紙が目に入りました。何気なくめくってみると、そこにはつたない文字で恨みの言葉が記されていました。働けないため生活が苦しいこと、親戚にお金を無心したこと、それを冷たく断られたこと、そのせいで自殺するのだということ……。「父に世話になったくせに」「こんなにつらいのに」という親戚への恨み言が、レポート用紙4、5枚に渡って繰り返し、繰り返し書かれていたのです。

その親戚はというと、大家さんが言うには「私たちには関係ない」の一点張りで、話をしようにもできなかったそうです。この親戚から遺品を放棄すると言われない限りは、ここにあるものを処分しようにもできない状況だったため、特殊清掃の費用は大家が負担し、残置物はすべて1点ずつ写真を撮って、保管袋に入れて別の場所に移動することになりました。

後日、依頼主の不動産会社に話を聞いたところ、その親戚と大家は弁護士を介して話し合い、最終的には内容証明郵便を通して一筆書いてもらうことで決着したそうです。いろいろな面で、後味の悪さが印象に残った現場でした。

特殊な性癖を持つ人々

先に紹介した自殺の現場には、ちょっとした余談があります。

残置物の処理作業を行っていたときのこと。私が1階を片付けている間、別スタッフが2階にあった故人の部屋を整理していました。例の、二次元のアダルトが大量にあった部屋です。そのスタッフが突然、大きな叫び声を上げ、同時にガラガラと物が崩れ落ちる音が響きました。

何ごとかと急いで駆けつけると、何か恐ろしいものにでも出会ったかのようにスタッフが腰を抜かして呆然として座り込んでいたのです。

スタッフの視線の先にあったのは、なんとダッチワイフでした。山積みになった本やビデオの奥に立った状態でしまわれていたようで、片付けの途中、本の隙間から目が合ったのだそうです。

特殊清掃の現場では、故人の性的嗜好《しこう》が露見することがあります。故人が男性で独り身の場合、その部屋に成人向けの本やビデオがあることは珍しくはありませんし、その内容が多少特殊だからといって気にすることもないのですが、意外に感じるのは、女性ものの下着を身に着けて亡くなる例が多いことです。

一例として、ある都内の住宅地で高齢男性が亡くなっていた現場の話をしましょう。

依頼があったのは遠方に住む故人のいとこの女性からで、連絡がつかないからと警察に相談したところ、亡くなっていることがわかったそうです。ところが、私が見積もりのためにその家を訪れてみると、故人の娘も同じ家に住んでいることがわかりました。

その娘は、これまで紹介したいくつかの事例同様に、同じ家に住んでいながら、父の死に2週間もの間、気づかなかったというのです。

娘は亡くなった父親と仲が悪く、同居しつつもまったく接点をもたず、別々に生活していたということでした。ただ、遺体に気づかなかったのはそれだけが理由ではなかったと私は思います。というのも、その娘の部屋には飼い犬の糞があちこちに転がっていて、部屋には強烈な悪臭がこもっていました。これでは遺体の腐敗臭に気づかなかったのも無理はありません。

その娘に立ち会ってもらい、遺体のあった部屋の様子を確認しました。その部屋は和室で、敷かれていた布団の上で亡くなっていたそうです。そしてその周囲には、アダルト本やＤＶＤが散乱していました。

十数年前に妻と死別したということでしたから、本やビデオで寂しさを埋めていたのでしょう。ただ、それらに混ざって、女性用の下着がいくつも散らばっていたのです。

訝しがる私を見て、娘がこう言いました。

「ああ、発見されたときは女もののパンツを穿いていたみたいですよ」

肉親のことでありながら、まるで他人事のような冷淡な話しぶりに驚きながらも、つまり自慰行為の最中に亡くなったのだと合点がいきました。故人は70歳以上、高齢者が自慰行為を行う場合、まれに心筋梗塞やくも膜下出血で命を落としてしまうことがあるのです。

そして押し入れの中を見てみると、そこには大量の女性用下着が入っていました。聞けばこれらはすべて、亡くなった母のものだと言うのです。故人はその死の間際、亡くなった妻を思い、自慰行為にふけっていたのでしょう。私はなんともやるせない気持ちにさせられました。

その娘は何を思ってか、押し入れの中のものは処分しなくていいと言ったのですが、私としては依頼主であるいとこの女性に、本人が女性ものの下着を穿いて亡くなったことを伝えるのは気が引けました。この機会に処分したほうがいいと娘を説得し、故人の性的嗜好に関わるものはすべて廃棄しました。

便座に腰掛けたまま白骨化

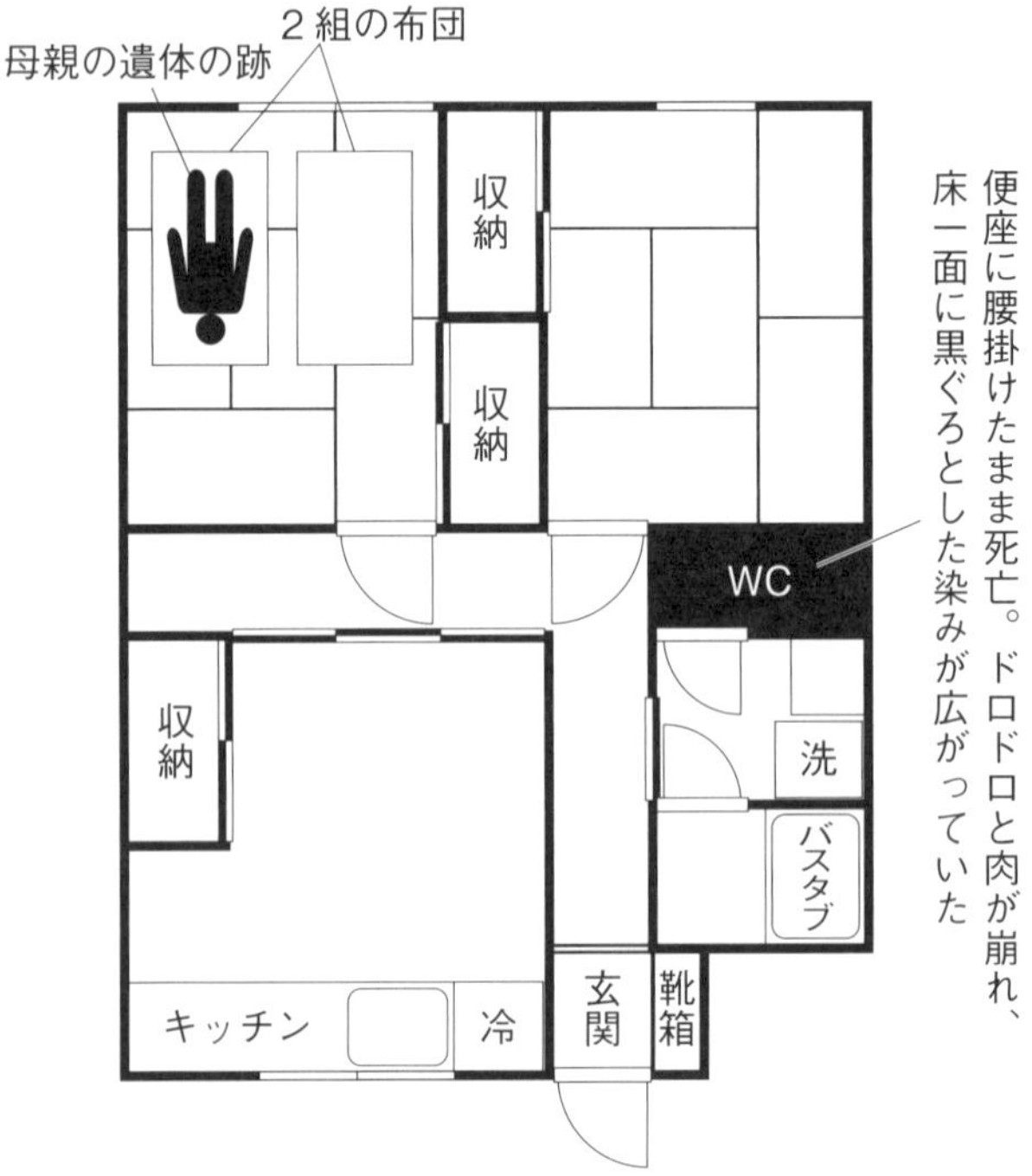

トイレの中の即身仏

ここまで、精神疾患に関わるさまざまな事例を取り上げました。共通しているのは、精神疾患を患っている人も、そのサポートをしている家族も、苦しみながら生活していることです。この問題の解決は容易ではありませんが、たとえば国や行政では「こころのバリアフリー」や「入院医療中心から地域生活中心へ」といった言葉を掲げ、さまざまな対策を積極的に打ち出しています。孤独死との関連も可視化され、対策が取られることを期待したいところです。

一方、住居のごみ屋敷化などはセルフ・ネグレクトと呼ばれ、大きな社会問題となっています。セルフ・ネグレクトとは「自己放任」という意味で、生活環境が悪化しているにもかかわらず、本人がそれを放置している状態を指します。抑うつ状態に陥り、周囲に助けを求めることもなく状況が悪化していくため、「緩慢な自殺」と表現されることもあります。精神疾患と孤独死には、切っても切れない関係があるのです。

この章の最後に、精神疾患を患った人と、そのサポートをする人のどちらも亡くなってしまった、この問題を象徴する事例を紹介しましょう。


その現場となった部屋の住人は知的障害者で、トイレで便座に腰を掛けたまま亡くなっていました。孤独死する場所としてトイレは珍しくありません。これまでも述べたように、体調に異変を感じてトイレに駆け込み、用を足している最中に脳溢血などで亡くなることは多くあります。しかしこのケースでは、単にトイレで亡くなっていただけでなく、遺体が便座に腰掛けたままの姿で白骨化していたのです。

依頼者は、故人の叔父です。その方に聞いた話をまとめると、つまりはこんな状況でした。

故人は30代の女性で、父親を病気で亡くして母子ふたりで暮らすようになり、その数年後には母親も亡くなりました。

ところがそのとき、故人は怖くなって家を飛び出してしまい、母殺しの容疑者として警察に捕まったのだそうです。しかし法に触れるようなことは何もしていなかったため結局は家に戻され、ひとりで暮らすようになりました。彼女の遺体が発見されたのは、それから1年半後のことです。

自治体から派遣されたケースワーカーは死後も定期的に部屋を訪問していたようですが、不在だったと判断され、とくにそれが問題視されることもなかったのでしょう。また、亡くなったトイレが部屋の中心にあり、死臭が部屋の外に漏れ出ることがなかったため、近隣住民も臭いに気づくことはありませんでした。

やがて遺体の腹が割れて噴き出た体液が階下の部屋の天井に達して、ようやくその死が発覚したことで、私の出番となったのでした。

現場となった部屋は、意外にもきれいなものでした。しかし、遺体があったというトイレのドアを開けると、床には黒ぐろとした染みが全面に広がっていて、トイレのスリッパは、ちょうど便座に腰を掛けたときの位置のまま、流れ出た体液を吸った状態ですっかり固まっていました。便座に腰掛けた状態の遺体がそのままの姿勢で腐敗していき、ドロドロと肉が崩れ、体液とともに流れ出ていく様子が私の脳裏に浮かびました。

さらに清掃を進めていくと、意外なものが出てきました。それは、乾ききって完全に白骨化した右腕でした。体液や血液には慣れている私でも、遺体そのものに触れることはほとんどありません。このときばかりは清掃を中断し、警察に連絡をしてその右腕を引き取ってもらいました。駆けつけた警察官は、たまたま持っていたのか、ハンバーガーチェーン店のテイクアウト用のビニール袋に右腕を入れて持ち帰りました。まさか亡くなった本人も、おまわりさんが食べたハンバーガーの袋に腕を入れられるとは思わなかったでしょう。

トイレ以外はとくに大変なことはありませんでしたが、寝室には2組の布団が敷かれていて、そのうちのひとつに遺体の跡がありました。故人がトイレで亡くなったということは、この布団で亡くなったのは故人の母親です。悲しいことに、その部屋はずっと、母親が亡くなったときのままだったのです。

知的障害を持って生まれ、父を亡くし、母を亡くし、誰も助ける人がいなくなって、徐々に衰弱して誰にも気づかれることなく亡くなる。私にはこの故人が、瞑想状態のまま死んでミイラになる即身仏のように思われました。障害を持った子どもと、その親の末路を見た思いでした。

そして、実は話はここからが本番です。故人には、両親が子どものためにと一生懸命働いて残した、それなりの金額の貯金がありました。しかし本人にその貯金を使う能力はなく、ほぼ手つかずのままだったのです。この現場の依頼主は、前述したように故人の叔父で、当初、資産は依頼主が相続するという話でした。

特殊清掃の代金は決して安くはありませんし、その後も住み続けられるようにするためには、さらにお金をかけてリフォームすることが必要になる場合もあります。この依頼主にもそのように伝えたところ、「リフォームの費用は相続する遺産から支払うつもりだから問題ない」ということでした。しかし、清掃作業の途中、依頼者と今後の進め方について相談していたときに、私はふと、依頼者は相続できないのではないかと思ったのです。

法定相続人になれるのは、故人の配偶者、子ども、両親、きょうだいだけと決まっています。しかし、今回のケースでは、故人は結婚をしておらず、きょうだいもいません。叔父である依頼者は、もしも故人の親が生きていれば相続できる可能性があったのですが、父も母も故人より先に亡くなっています。この場合、故人の遺産は相続する者がいないことになり、国庫に収納されるのです。

おそらく相続はできないであろう旨を依頼主に伝えると、「そんなはずはない」となかば怒った様子で反論しましたが、やはり遺産は国庫に収納されることになりました。

子どもの行く末を案じて、一生懸命財産を残しても、結局はそのお金を使うすべを知らずに、子どもが孤独死してしまう。しかも、遺産は子どものために使われることなく、そのまま国に収められるのです。こんな悲しい話があるでしょうか。

事故物件 file No.03

ベランダにて縊首。いくら洗浄しても腐敗した脂分は取れない。

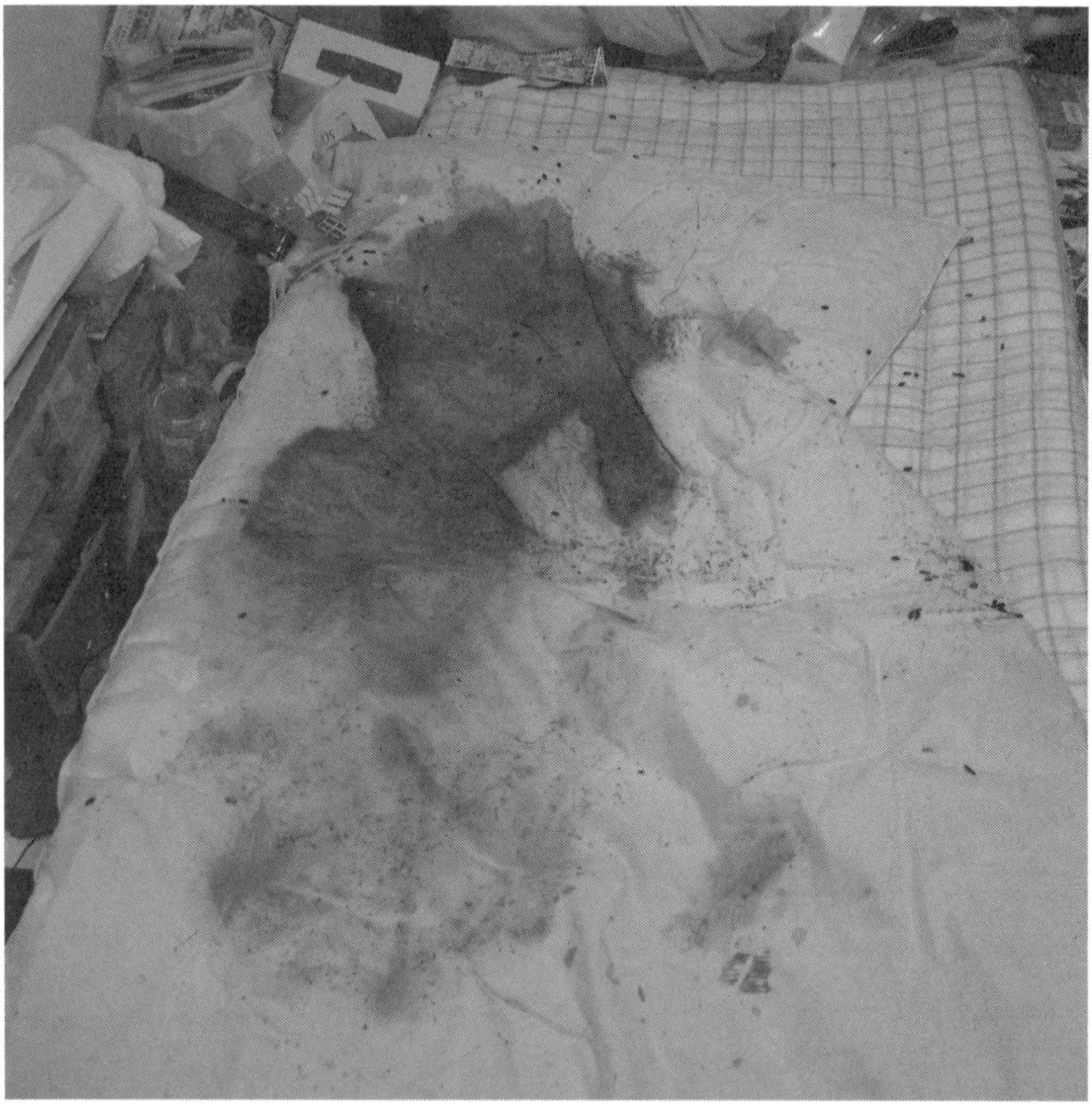

多くの薬物が見つかった部屋。電話の子機を握ったまま亡くなった。手の跡がベットリと付いていた。
最後に誰の声を聞きたかったのであろうか。

故人がカビとゴミを寝床としたまま息絶えた部屋。いつか清掃しようと思ったのか、新品の掃除機や清掃道具が出てきた。

第4章 遺族たちの愛

与え続けた者が死後与えられるもの

事件現場とは
思えない部屋

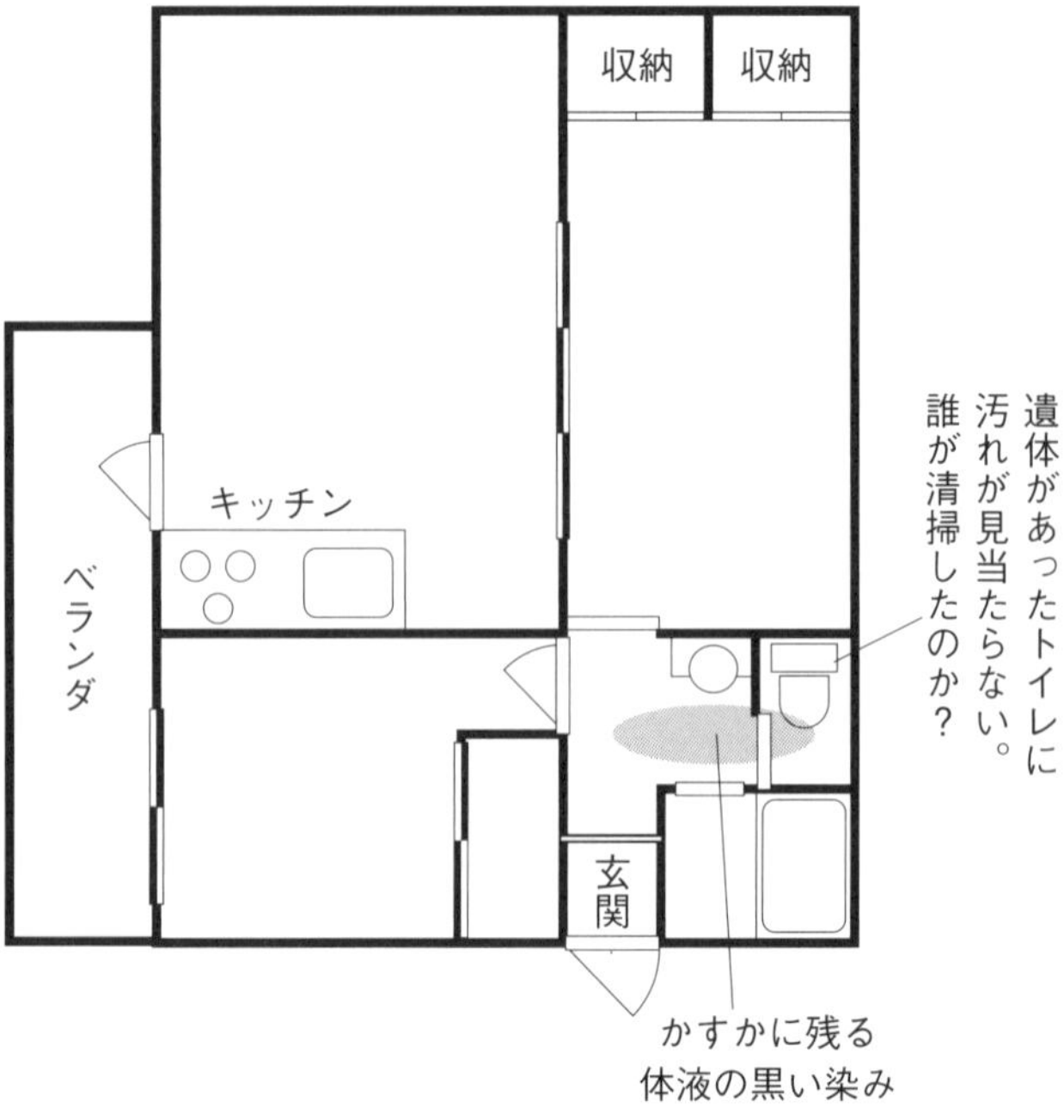
収納
収納
キッチン
ベランダ
玄関
遺体があったトイレに
汚れが見当たらない。
誰が清掃したのか？
かすかに残る
体液の黒い染み

遺族の特殊清掃

特殊清掃の現場で出会うのは、決して悲惨な事例ばかりではありません。孤独死に至った故人の人生を思うとき、そして大切な人を失った遺族の悲しみに触れたときには、やるせない気持ちでいっぱいになります。しかしその一方で、故人と遺族の絆の深さに心を打たれ、あたたかな気持ちになることもあるのです。

それは、ある女性からの依頼でした。状況を聞くと、一人暮らしをしている身内の男性がトイレで亡くなったと言います。突然死、あるいは自殺したためにトイレの中で最期を迎えるケースはそれまで何度も経験しました。そんな現場は、遺体の体液や糞尿で室内がかなり汚れているものです。私はそのための準備を整えて、いつものように現場へと向かいました。

ところが、現場に到着して依頼主の女性と落ち合い、ともに室内を確認したところ、現場につきもののあの腐敗臭がほとんどしないのです。死後1週間は経っていたと聞いていたので、本来は耐え難い臭気が充満しているはずです。さらに、遺体があったというトイレの中にも、予想していたような汚れは見当たりませんでした。

もしかしたら、この女性が清掃をしたのではないかという考えがよぎりました。遺体の損傷は比較的少なかったのかもしれません。それでも、あの強烈な死臭の中、遺体から流れ出た体液の染みを自ら進んで清掃できるとは、いくら身内とはいえ考えがたいと思いました。しかしよく見てみると、トイレから廊下にかけて、拭いただけではとれない脂――遺体から染み出た体液の跡が残っており、たしかに誰かが事前に清掃したのだということがわかりました。

どういうことかと思い尋ねてみると、その女性はいくぶん恐縮したような様子でこう答えたのです。

「実は私が簡単に汚れを拭っておいたのです。だって、この人のみっともない姿を人様にお見せするわけにはいきませんから」

特殊清掃をするということは、故人がどのように亡くなったかを追体験するようなものです。体液の染みや血痕に触れていると、「痛かっただろうな」「怖かっただろうな」と、死の寸前の故人の気持ちや状況を生々しく想像してしまい、心が苦しくなります。生前に何の関わりもない他人の私ですらそうなのに、身内の方がそれを体験したら、一体どんな思いにとらわれるのでしょう。そのつらさはとても計り知れません。

私の仕事は遺族にそんな思いをさせないためにあります。知らぬ間とはいえ、私が引き受けるべき苦しみを味わわせてしまったことを申し訳なく思いました。私はその女性に「おつらかったでしょう」と、心からのねぎらいの言葉をかけることしかできませんでした。

結局その現場では、私は消毒作業だけを行ったのですが、汚染箇所の解体やコーティング、リフォームといったその後の処理を相談していく中で、意外な事実を知りました。故人を「身内」と言っていたその女性は、実はすでに故人とは離婚しており、戸籍上は他人だったのです。離婚したあとは、弁当屋でパートの仕事を続けながら、3人の子どもたちを育て上げたのだそうです。この女性は最後に、かつての夫が亡くなった部屋で子どもたちと一緒に暮らすつもりなのだと話してくれました。

特殊清掃は、肉体的にも精神的にも堪える作業です。たとえ愛し合っている夫婦であっても、遺体跡の処理はそう簡単にできるものではありません。まして、離婚したということは、夫婦としての愛情はもはやなくなっていたということです。それなのにどうして、別れた相手のためにそこまでのことができるのでしょうか。

このとき私は、夫婦愛とも家族愛とも異なる愛の形があるのだと初めて知りました。離婚に至ったのにはふたりにしかわからないさまざまな事情があったことでしょう。それでも亡くなったかつての夫を思いやり、無残な姿を見られたくはないだろうと、体液を拭ったのです。その愛の深さに強く胸を打たれた出来事でした。

遺体跡に新聞紙が敷かれたアパート

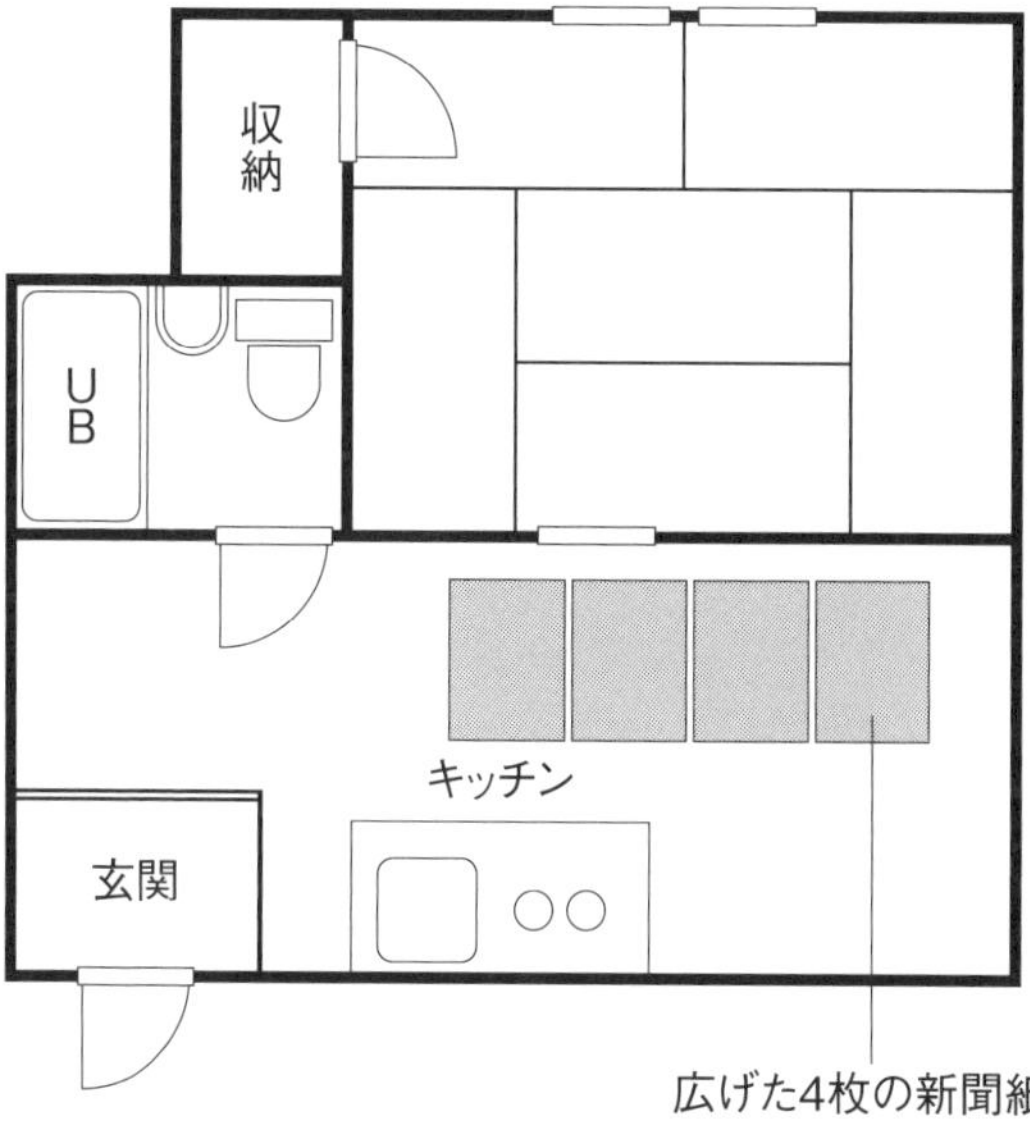
この下に一体何が?

遺体跡を覆う新聞紙

愛があるから遺体跡を清掃できることもあれば、愛があるからこそ触れることさえできないということもあります。

ある不動産会社からの依頼で、60代後半の男性が亡くなったマンションの特殊清掃を請け負ったときのことです。私は通常、まず現場の様子を確認して見積もりを出すのですが、そのときに遺族の方も立ち会うということを知らされました。

現場には、不動産会社の担当者のほかにひとりの女性が待っていました。その方が今回の現場の依頼主で、年齢は60歳ほど、故人の妹ということでした。

部屋の住人は玄関近くのキッチンで亡くなり、死後2週間ほど経って発見されたのだそうです。古びたマンションの部屋の中に入ると、広げた新聞紙が4枚並べてキッチンのフローリングに敷かれているのが目に入りました。大きさからいっても、遺体があったのはまさにその場所でしょう。1DKの小さな部屋で、残置物の少なさからは、故人が質素な暮らしを送っていた様子がうかがえました。

ひと通り室内を確認して、作業として問題になりそうなものは見当たらなかったため、いつものように、取り置くべき貴重品や探すべき物を聞き、その場で見積もり金額を伝えて了承してもらいました。その部屋は持ち家だったようで、買い取りも依頼されましたが、まずは清掃と残置物の撤去を行うことになりました。作業当日は床に敷かれていた新聞紙をめくって淡々と清掃を行い、遺品整理と残置物の撤去も問題なく進んで、無事に特殊清掃は終了しました。

妹さんは夫と地方に住んでいたため、電話で作業報告した際に、通帳や年金手帳といった遺品を郵送すると伝えたのですが、物件買い取りの話もあるので、次に上京したときに受け取りたいと言うのです。

律儀な方だと思いながら、その後、2度ほど上京してきた妹さんと、遺品の受け渡しや物件の買い取りについて相談しました。その結果、マンションの部屋は私の査定よりも高い金額で知人が購入することになり、その契約を司法書士事務所で交わすことになりました。それが済めば、今回の私の仕事は終了となります。

再び彼女にその旨を電話で伝えて、最寄り駅で待ち合わせをすることになったのですが、そのときに意外な言葉が飛び出しました。それは、「少し早く待ち合わせて、一緒に食事をしましょう」という申し出でした。

当日、司法書士事務所へと向かう前に、予約しておいた和食の店に妹さんと入りました。そして、「ふだんはめったに口にしないけど」と前置きして、ビールを注文したのです。平日のお昼どきで、大切な契約を交わす前、私にとっても仕事中となる時間帯です。一瞬戸惑いましたが、いつもと少し異なる彼女の様子を察して、私もビールを注文し、互いにグラスに注ぎ合いました。

すると妹さんは少しずつ、自身の生い立ちを話しはじめました。

彼女は兄とのふたりきょうだいで、東北地方の小さな町で生まれ、生まれると同時に母親を亡くしました。その数年後には父親も亡くなり、兄とともに親戚に預けられたのですが、今回の現場で亡くなったこの兄は、６つ離れた彼女をとてもかわいがって、よく面倒を見てくれたそうです。

兄は生涯独身を貫き、彼女が結婚したとき、そして長女を出産したときには、たいへん喜びました。ところが「2人目の子どもが欲しい」という彼女の言葉にだけは、ふだん温厚な兄が激しい剣幕で「それだけはだめだ」と反対したのだそうです。それは、妹を生むと同時に亡くなった母親と同じことが妹の身に起こるかもしれない、だから2人目を生むことは考えないでほしいという兄の願いでした。

結局その後、彼女は次女を授かることになり、そのときには兄も祝福してくれたと言います。しかし、その3年後、残念なことに次女は先天性の病気で亡くなってしまい、さらに長女は21歳の若さで命を落としてしまったのだそうです。

ふたりの子どもを失った悲しみに暮れる中、兄は常に寄り添い、精神的にも金銭的にも助けてくれたと彼女は話しました。唯一の肉親であった故人は、彼女にとってどれほどかけがえのない存在だったのでしょうか。

食事を終え、あまり中身が減っていないグラスに口をつけて、最後に穏やかな口調で妹さんはこう言いました。

「兄の遺体があった場所に新聞紙がかけられていたのを見たでしょう？　私ができるのはあそこまでで精一杯だったんです。亡くなった兄のことを思うと胸が張り裂けそうで、あの部屋にいるとあらゆる感情が湧き出て気が触れてしまいそうで。だから、私にはあするほかなかったんですよ」

　私と食事をしたいと言ってくれたのは、故人の最後の面倒を見たことの礼を伝えたかったからだそうです。しかしきっとそれだけではなく、兄との思い出や、どれだけ大切な存在だったのかを、誰かに聞いてほしかったのだろうと私は思います。最愛の兄を亡くした悲しみからはまだ立ち直れていない、けれど、お任せしてよかったと彼女は言いました。

　彼女の話を聞いて、私は胸が締め付けられる思いでした。そして、「故人が本当にいなくなるのは、誰もその人のことを思い出さなくなったときです。ですから、あなたが生きている間は、きっとお兄さんもまた生きているのだと思います」と伝えました。特殊清掃のほかに私にできることは、それくらいしかなかったのです。

　その後、彼女は数か月おきに電話で近況を報告してくれるようになりました。その間隔は次第に延びていき、今では数年おきとなりました。彼女の悲しみは、少しは癒えているでしょうか。

夫を亡くした古いアパートに住み続ける

特殊清掃を手がけたあと、遺族のその後を私が知ることはあまり多くありません。それは、私を通してつらい記憶を思い出さないよう、こちらから連絡することは控えているからです。

では、愛する相手を亡くした遺族は、その後、どんな人生をたどるのでしょうか。そのひとつの美しい例を偶然目にしたことがあります。

当時、私が住んでいた場所の近くに味のいい居酒屋がありました。その店を気に入り何度か足を運ぶうちに、女将がテレビ番組を観て私を知ってくれていたことがわかり、それから親しくなったのでした。彼女の年齢は60代くらい、品のある出で立ちと穏やかな物腰が印象的な、きれいな人でした。

あるとき、いつものようにその店で飲んでいると、私の仕事を知っている女将から、妙なことを依頼されました。それは特殊清掃でも遺品整理でもなく、残置物処理の見積もりでした。

どういうことかというと、引っ越しをしようと思っているものの、なかなか他の場所に移り住む気になれない、けれど転居を検討したいから、ひとまず費用を知りたいのだということでした。

後日、彼女に案内されて向かった先は、ゆうに築50年は超えているであろう、古い木造アパートでした。私は内心、驚きました。女将の店での立ち居振る舞いからは、まさかこんなに古いアパートに住んでいるとは思えなかったからです。

薄い合板でできた古びた玄関ドアを開けると、部屋の中は小ぎれいに保たれ、生活用品が使いやすいようにきちんと整理されていました。古いなりにもていねいに暮らしているという印象を持ちました。

台所に続く居間には夫の仏壇が置かれ、その奥の寝室には布団と、おもちゃや絵本がありました。子どもは3人とも成人して近所に住んでおり、孫もよく遊びにくるそうです。夫と死別したと聞いていましたが、私には、満ち足りた幸せな暮らしを送っているように思えました。

しかし、転居先に何を持っていき、何を置いていくつもりなのかとあれこれと話すものの、転居先や時期を聞いても、女将は「うーん」とうなるばかりで、どうにもふんぎりがつかないといった様子です。するとふいに「これを見てくれる？　私が好きな写真なの」と、私を玄関口に呼びました。

そこにあったのは、壁に掛けられた大きな額に収められた写真でした。写っていたのは、あぐらをかいた若い男性と、その男性の背中にくっつき、膝の上にちょこんと座るふたりの女の子。とても素敵な笑顔でした。写真の男性は亡くなった夫、ふたりの女の子は娘で、3人目となる息子がおなかにいたときに彼女が撮影したものだと言います。そして、続けてこんな話を語ったのです。

この写真を撮影してしばらく経ち、彼女は産院で息子を出産しました。そして、立ち会うことができなかった夫に電話で無事に生まれたことを伝えたところ、夫はそれは喜んで「明日会いに行く」と話したそうです。

しかし翌日、約束していた時間になっても夫は現れませんでした。家に電話をかけてみても誰も出ません。心配になって親戚に連絡し、様子を見に行ってもらったところ、自宅で倒れていた夫が見つかりました。死因は湯沸かし器の不完全燃焼、一酸化炭素中毒だったそうです。

その後、彼女はいくつもの職を転々としながら、まだ幼い子どもたちを、夫と過ごした家で育てました。それがまさに、私が見積もりを依頼された部屋だったのです。

彼女は、夫と幼い子どもたちとの幸せな記憶が残るこの部屋から、どうしても離れられないのだと言いました。もうそろそろ新しく快適な部屋に引っ越してもいいのではないかと迷っていたのも事実ではあったのでしょう。しかし、私に見積もりを依頼した理由の半分は、誰かにこの部屋での話を聞いてほしいという気持ちだったのではないかと思います。若くして愛する夫を亡くした悲しみや、女手ひとつで3人もの子どもを育てた苦労は、相当なものだったでしょう。

私は彼女をねぎらうつもりで「死んであの世で会ったら、『大変だったんだからね』って、文句のひとつでも言いたいですよね」と言ったのですが、彼女の次の言葉を聞いて、なんて浅はかな言葉を吐いてしまったのかとすぐに後悔しました。女将は首を横に振って、こう言ったのです。

「あの人にまた会えたら、何も言わずにそっと抱きしめてほしいのよ」

きれいな人ですから、その気があれば再婚の機会もきっとあったはずです。しかし、そうしなかった気丈さ、そして一途さに、私はすっかりしびれてしまいました。せめて何かできないかと思い、後日、私の故郷の沖縄の砂を取り寄せて渡しました。というのも、亡くなった夫は海が好きだったそうで、仏壇の線香立て用の砂は、女将がいつも海辺から持ってきたものを使っていると聞いたからでした。

結局、女将は引っ越しはせず、この話はこれきりでした。

与える者は与えられる

誰かが亡くなった部屋には「死者のエネルギー」があると書きましたが、いくつもの現場を経験する中でこの3つの部屋は、あたたかさが満ちているように感じられました。

そして、愛は、夫婦や家族の間だけに存在するものではありません。まったくの他人同士であっても、夫婦や家族以上の絆で結ばれていることもあります。これは、私と妻との間をとりもってくれた、故郷の沖縄で高校時代から付き合いのある友人の話です。

ある日、その友人から私に「相談がある」と連絡がありました。そして続けて「実はおれに兄がいることがわかった」と言うのです。

ことの顚末はこうです。ある日突然、その友人のもとに警察から電話があり、戸籍上の兄がいること、そしてその人物が大阪で孤独死をしたため、遺族として遺品や遺骨を相続する必要があるということを告げられました。友人には父親が異なる姉と弟がいますが、兄もいるということは初耳だったそうです。

その名前を聞いてもピンと来ませんでしたが、どうやら異父きょうだいのようで、母親の戸籍謄本を確認してみると、たしかにその人の名前が記されていました。友人がまだ幼い頃にともに過ごした時期もあったようですが、その期間はほんのわずかで、当時の記憶もすっかりなくなっていたのです。

私への相談内容というのは、その兄が長い間暮らし、そして亡くなった賃貸物件を、どのように処理すればいいか教えてほしいということでした。私はその話を聞いて驚きながらも、まずは現場がどんな状況かを確認するよう伝えました。

友人はさっそく兄が暮らしていたというそのアパートを訪れ、大家さんとともに部屋の中を見てきたのですが、その大家さんは「残置物を引き取ってくれさえすればいい」と話していたそうです。

しかし私の経験上、自分の所有する物件で孤独死が発生して、こう言える大家は多くありません。特殊清掃にかかる費用を請求するのは当然のことですし、事故物件となってしまったことで、遺族に損害賠償を請求する場合さえあるのです。私は、友人の兄と大家さんはとてもいい関係性を築いていたのだなと驚きをもって感じました。

しかし、友人としては、面識がない兄とはいえ家族が迷惑をかけたことには違いなく、大家さんの言葉に甘えるわけにはいかないと思ったようです。私はその物件の特殊清掃を依頼され、私も力になれるのならと二つ返事で引き受けました。

友人が見てきたという部屋の中の様子を聞くと、異臭がひどかったり、手のつけられないほど部屋が汚れていたりということもなく、何も問題はなさそうでした。ただ、警察から、故人が生前に懇意にしていた人がいるから連絡するようにと言われていたそうです。その人が遺体の第一発見者だったのかもしれません。あらかた段取りを決めたあと、お礼を兼ねて状況を伝えるために、友人はその人に電話をかけることにしました。

電話に出た相手は、友人の兄が常連だったという居酒屋のオーナーでした。工場に長く勤めていた兄は、夫婦で切り盛りしているその店に足繁く通っていたのだそうです。仕事帰りには夕食がてら立ち寄ることが習慣になっていたのでしょう、やがて友人の兄とオーナー夫妻は、家族同然の付き合いをするようになったのだと話しました。

そしてその夫婦は、友人の兄が亡くなった物件の清掃を「ぜひ私たちにやらせてほしい」と申し出たのだそうです。

そんなことがあるのかと、私は再び驚きました。特殊清掃の大変さや、その現場を目にした一般の人の反応は、誰よりも知っているつもりです。そんな特殊清掃の作業を、懇意にしていたとはいえ、他人が買って出るというのはよほどのことです。

そして結局、私の出る幕はなく、オーナー夫妻と数名の常連客が、故人が住んでいた部屋を実際にすべて片付けたのでした。一軒の居酒屋を介してつながった、おそらく年代も性別も出身地もさまざまな人たちが、身寄りがないと思われていた友人の兄を弔ったのです。現場の様子は想像するしかありませんが、故人の思い出を語り合いながら、賑やかに作業を行ったのではないでしょうか。

最後に、友人は兄のお骨や遺品を受け取るため、故人が暮らしていた街を再び訪れました。そして礼を伝えるべく、部屋を片付けてくれた夫妻にも会いに行ったのだそうです。そこで、友人はまたも驚くような、こんな言葉を耳にしたのでした。

「お兄さんの骨を、私たちの家族の墓に入れさせてください」

その夫妻は、友人の存在を知るまでは、故人に身寄りがないと思っていたわけですから、もしかしたら、長く時間をともにするうち、冗談交じりに「死んだらウチの墓に入ればいいよ」などと話したことがあったのかもしれません。しかし、実際は故人には血縁者がいて、もはや夫妻が責任を取ることはないのです。それでも他人である故人のお骨を預かろうという決意には、並々ならぬ愛情を感じました。

友人の兄の生まれ故郷は沖縄ですから、もしも友人が預かっていたら、沖縄の地に埋葬されていたでしょう。しかし、人生の大半を過ごしたのは、オーナー夫妻がいる土地なのです。友人も結局、兄のお骨をその夫妻に渡すことにしました。しかし、その判断が正しかったかどうか確信は持てなかったようで、後日、私にこう尋ねました。

「本当にこれで良かったのかな」

そう聞く友人に、私は「お兄さんと同じ立場だったら、お前はどうされたい？」と聞き返してみました。友人はしばらく無言で考え込んだあと、自分の出した答えに納得したようでした。

友人の兄が住んでいたアパートの大家さんも、通っていた居酒屋のオーナーや常連客も、善良で優しい人たちでした。ただ、故人がその死後に手厚い扱いを受けた理由は、それだけではないと思います。

「与える者は与えられる」という言葉があります。文字どおり、他人に惜しみなく与える人は、他人から与えられる人でもあるという意味です。逆説的ですが、死後にこれだけのものを与えられた友人の兄は、おそらく生前は他人に与え続けてきた人だったのだろうと思うのです。

形としては孤独死であっても、他人との関わりを拒絶し続けた結果、ひとりで亡くなり、死後も偲ばれることさえないケースもあれば、積極的に与え続けてきたことで、亡くなったあとに手厚く弔われることもあるのです。

家族愛も夫婦愛も尊いものです。しかし、血がつながっているから愛があるわけでも、同じ名字だから愛があるわけでもありません。血縁や戸籍はきっかけにすぎず、愛情は、人と人との結びつきの中で生まれるものです。だからこそ、さまざまな愛の形が存在するのでしょう。

どの事例も、人が亡くなったという点では決して喜ぶべきことではありません。また、遺族の悲しみは、その愛情の深さと比例するかのように大きいものです。その死の悲しみを乗り越えることはとても過酷な試練だと思います。

しかし私にとっては、特殊清掃の仕事を通して、人と人との絆の強さ、愛の素晴らしさに触れることができた、数少ない事例です。ここで紹介した現場の雰囲気はどれもあたたかく、このときばかりは仕事のつらさを忘れて、幸せな気持ちになったのでした。

事故物件 file No.04

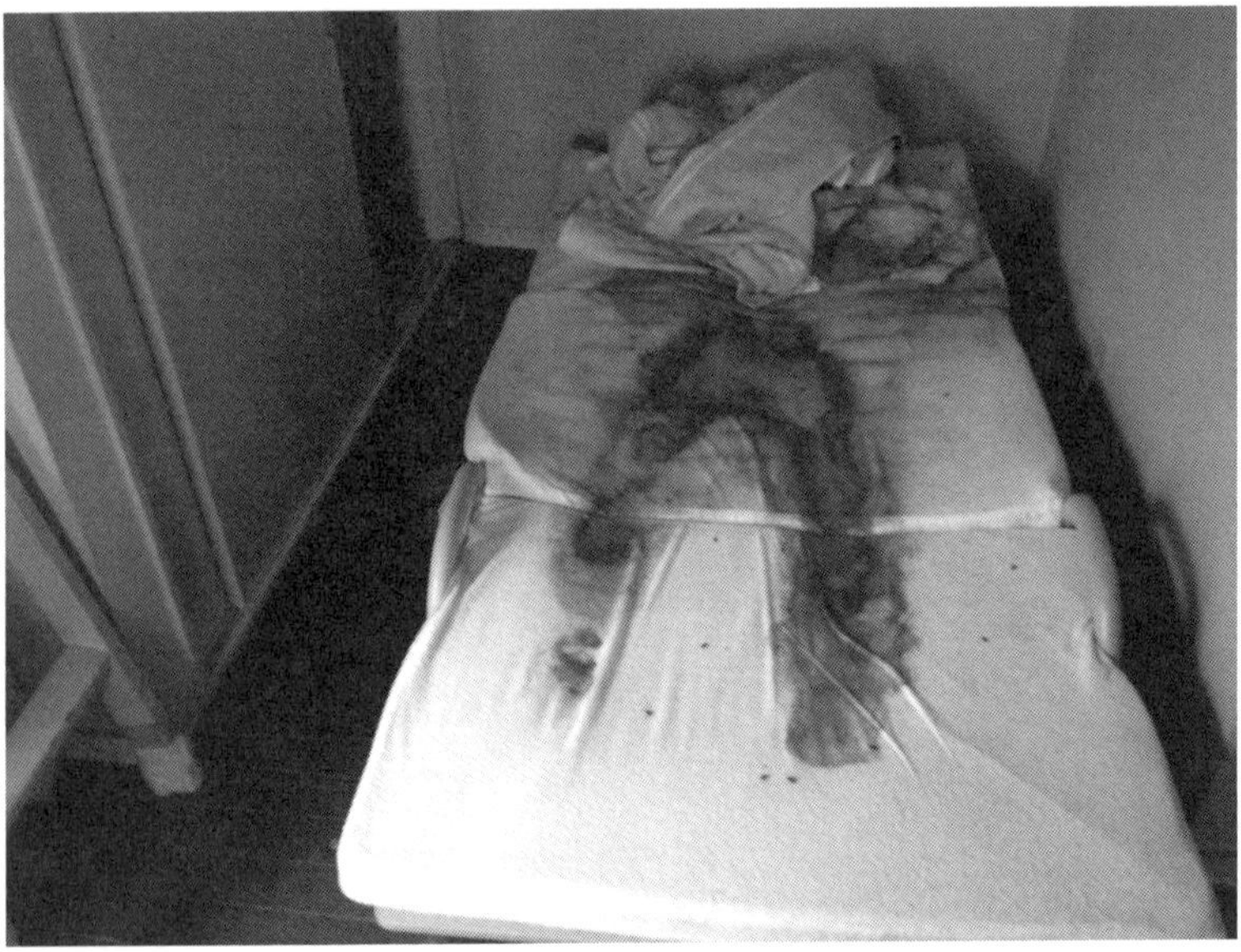

部屋はベッド以外、きれいに片付けられていた。夜、目を閉じ、そのまま朝になっても開くことがなかったのだろう。

トイレで亡くなり、数か月が経過した現場。トイレや浴室で亡くなることは多い。

亡くなった場所から引きずられ、遺体袋に入れられたのか。

第5章

死後の世界

相続、供養、お墓…遺族の現実

遺産の行方

人は死んだらどうなるのでしょうか？

天国や地獄があるのかどうかという話をしようというのではありません。遺体はどのように葬られ、遺骨はどのように扱われて、遺産はどうなるのか。特殊清掃を生業とする私は、そんな〝死後の世界〟の様子を数え切れないほど目にしてきました。そこには、相続や供養、いわゆる事故物件など、さまざまな問題があるのです。

私がこういった問題への関心を深めるきっかけとなった、印象深い出来事があります。

ある郊外の街に、姉と弟のきょうだい2人で暮らしていた家がありました。120坪ほどの敷地には昔ながらの一軒家が建ち、庭には小さいながらも池があって、おそらくはそれなりの資産もあったのでしょう。しかし、姉には重度の知的障害があり、両親が亡くなったあとは、弟が結婚もせずに働いて姉を養い、還暦を迎えるまでの長い間、2

人だけで暮らしていたのです。

そして、やがて姉が亡くなり、その葬儀の数週間後には弟が孤独死することとなりました。そこで、私のもとに特殊清掃の依頼が届いたのです。

私に連絡をしてきたのはきょうだいの遺族ではなく、弟が後見人として指定した弁護士でした。おそらく、親戚は知的障害のある姉を煙たがってあまり関わりを持たなかったのでしょう。弟は弁護士に、「遺産はすべて児童養護施設に寄付するように」という遺言書を託していたのだそうです。

私はその弁護士からきょうだいのこれまでの話を聞いて、どんな思いで2人が暮らしていたのかと想像し、胸が締め付けられました。どちらも子どもがいませんでしたから、もしも遺言書がなければ、その財産は国庫に収納されていたでしょう。しかし、互いにかばい合いながら暮らし、その死後も自分たちの意思を大切にして貫いたのです。

弟は最期、こたつで座ったまま、卓上にうつぶせになって亡くなっていたそうです。きっと姉の葬儀を見届けたことで、安心して息絶えたのだと思います。

こうして、自分の遺産の行方を心配することなくあの世に行くことができるのは、幸せな人生の終わり方だと感じるのです。

相続を拒絶された
高級マンションの主

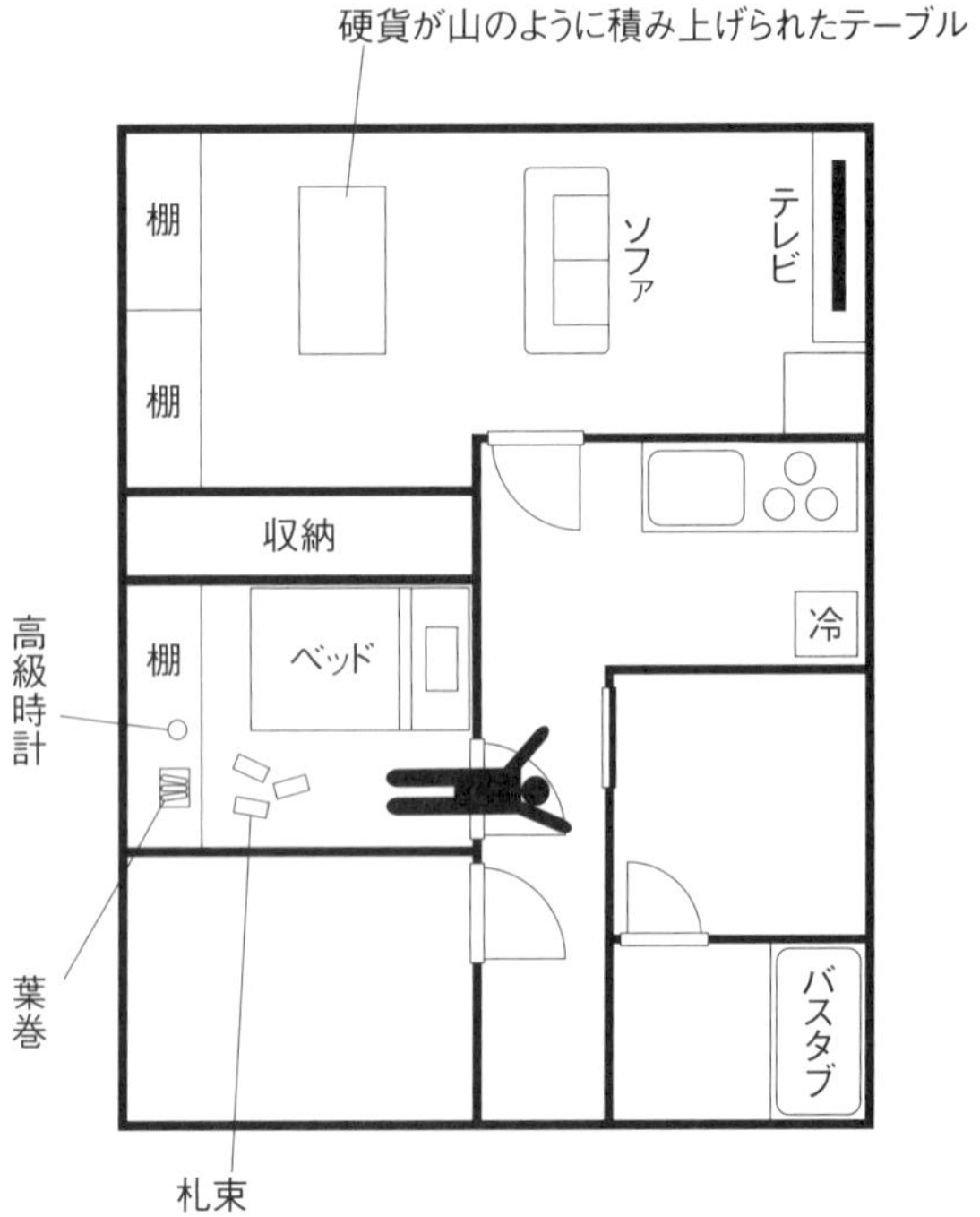

遺族に拒絶される遺産

遺産を残さないケースもあれば、死後に一切の関係性を拒絶されてしまうケースもあります。

その現場は一等地に建つ高級マンションで、特殊清掃の連絡があったのはマンションの管理組合からでした。廊下に漂う腐臭をどうにかしてほしいという依頼でした。

というのも、そのマンションの一室で孤独死をした人の妻と2人の娘が相続を放棄したというのです。相続放棄とは、故人の権利や義務を一切受け継がないということです。遺族が相続するのは財産ばかりでなく、亡くなった人の借金を返済する義務を負う場合もありますし、故人の遺体を引き取り、供養をしなければならないこともあります。そういった煩雑な手続きに追われることや、負債を相続することを避けるために、遺族が財産を放棄するのは珍しいことではありません。

ところが、現場となったその高級マンションの一室を見てみたところ、故人が借金を残したことが原因で相続を放棄したとは考えられませんでした。むしろ、かなりの財産のあることがうかがえるような状態だったのです。

亡くなった場所は寝室で、ベッドの周りにはいくつかの札束がそのまま置かれ、ロレックスの腕時計や、高級な葉巻もありました。おそらく紙幣だけを使う主義だったのでしょう、別の部屋にはテーブルの上に、お釣りとして受け取ったであろう硬貨が山のように積まれ、一部は崩れて床に散らばっているほどでした。そして、その部屋にあるあらゆるものが高級品だったのです。

もちろん、ぜいたくな暮らしをしているからといって借金がないとは限りません。しかし、少なくとも遺族が相続を放棄するような暮らし向きとは私にはとても思えませんでした。

財産を放棄した場合、その財産は国庫に収納されることになります。遺族が「財産を受け取るくらいなら、国に納めたほうがまし」と思うのはよほどのことです。よく「愛情の反対は無関心」などといいますが、まったくそのとおりだと思います。故人と遺族の間になにがあったのかは知る由もありませんが、生前にあふれるほどの財産を残しても、死後、相続を拒否されるような人生だったとしたら、なんと侘《わび》しいことでしょうか。

現場のお骨

遺体を弔う方法は国や時代によってさまざまですが、現代の日本では、死後、遺体は葬儀のあとに火葬されて骨となり、骨壺に入れられて供養を受けるのが一般的です。遺族の意向によっては遺骨を埋葬せずに自宅に安置することもありますが、最後は墓に埋葬するか、納骨堂に納めることが多いようです。ところが、この「遺骨」に、私は特殊清掃の現場でたびたび遭遇するのです。これまで、およそ50体は目にしてきたでしょうか。なぜ特殊清掃の現場にお骨が多いのか。その理由を象徴するような事例を紹介しましょう。

その現場は、死後1か月ほどの中年女性の遺体が発見された3LDKのマンションでした。私はいつものように、見積もりのためにその部屋を訪れました。

玄関を開けると、部屋の中はたしかに例の腐敗臭に満ちています。そして廊下を進んだ先のリビングで、テーブルの上に真新しい白い布に包まれた箱があるのを見つけました。箱の装飾から、それがお骨であることがすぐにわかりました。

「なぜこんなところに部屋の主のお骨があるのか」と不思議に思いながらも、ともかく現場の状況を確かめることにしました。孤独死した人の遺体の検死が終わり、火葬されたあと、お骨が元の部屋に戻されることはまずないのです。

そしてお骨があった部屋の隣のキッチンの床に、故人が亡くなった跡が色濃く残されているのを見つけました。故人は主にこの部屋で生活していたようで、そこに広がる光景は少々異様でした。キッチンとつながったダイニングには布団が敷かれ、寝床を囲むようにして、大量のウイスキーの空き瓶が整然と並んでいたのです。戸棚の中には未開封のウイスキーの瓶がずらりと置かれていました。また、デスクの上には手書きの株価のチャートが束になって残されていました。暮らしぶりは質素に感じられましたが、いつも部屋にこもって、いわゆるデイトレーダーとして生計を立てていたのでしょう。

さらに隣には和室がありました。ここにも布団が敷かれていて、その横には年代物の桐ダンスが2竿。引き出しを開けてみると、中からは江戸時代末期に撮影したかと思われるような古い写真が出てきました。

テーブルの上のお骨、大量の角瓶と手書きのチャート、骨董品のようなタンスや写真、2組の布団。私には部屋の様相がどうにもちぐはぐに感じられました。そして、ふと思い立って和室にあった布団をめくってみると、そこにはやはり人型の染みがありました。そう、この部屋では、ふたりの人が亡くなっていたのです。


今回依頼してきたのは、物件を管理する不動産会社です。見積もりを終え、その連絡をする際にあらためて担当者に話を聞いてみると、真相はこうでした。

当初、この部屋では父と娘がふたりで暮らしていました。父親が亡くなったのはおよそ1年前。その頃、近隣住民は正体不明の腐敗臭に悩まされていましたが、その悪臭を発する部屋に、娘はふだんどおりに出入りしていたそうです。住民からの通報を受けた警官が立ち入ったところ、父親が亡くなってミイラ化していることがわかりました。

事情聴取と検死を経て、父親の遺体は茶毘《だび》に付されて娘の元に戻されました。それがテーブルの上にあったお骨だったというわけです。それを受け取ってまもなく孤独死した娘もその後、火葬されてお骨となったことでしょう。

このふたつの遺骨は、おそらく最終的に遺族が引き取ったのだと思います。

では、遺体に引き取り手がいない場合は、どのように扱われるのでしょうか？

身元がわからない場合や、親族が見つからない、あるいは親族に引き取りを拒否された場合、遺体は遺品とともに住民票のある自治体が管理することになります。また、亡くなった人が生活保護を受けていれば、必要最低限の火葬費用が自治体から扶助され、そのお骨は遺族がいればその元に戻されます。

ただし、生活保護を必要とする人に、墓を買ったり永代供養したりする金銭的余裕があるはずもありません。多くは自宅の仏壇や押し入れにお骨を保管するほかないということになります。


孤独死の背景には、周囲から孤立していたり、経済面や人間関係で悩んでいたり、精神疾患を患っていたりと、なんらかの困難を抱えていることが多いものです。まず家族が亡くなり、その遺骨を供養できないまま、残された家族も孤独死してお骨になってしまう、そんな死の連鎖とでも言うべきケースは意外と多いのです。特殊清掃でお骨を目にする機会が多いのは、こういったことも理由のひとつです。

死後を案ずる人々

私はこれまでいくつかのテレビ番組に出演しましたが、もっとも反響が大きかったのが、2016年に放映された「ザ・ノンフィクション　孤独の後始末 請け負います」です。私の仕事の様子を紹介するドキュメンタリー番組で、その中で現場となった物件の大家が、財産放棄した遺族に代わり特殊清掃の費用を負担せざるを得なくなったシーンが描かれました。このような遺族と大家のトラブルは往々にしてあるもので、私はそのとき、部屋の原状回復費や故人の火葬費用をまかなえる大家向けの保険、いわば〝孤独死保険〟が必要だと語ったのです。

放送後すぐに、事務所の電話が何度も鳴りました。これまでいくつかのテレビ番組に出演してきましたが、特殊清掃という仕事の性質上、放送直後に依頼の電話が殺到するようなことはありませんでした。番組が放送された途端にたくさんの孤独死が発見されるなどということはまずありえないからです。

鳴りやまない電話に出てみると、そのほとんどがいわゆるLGBT〔レズビアン（L）・ゲイ（G）・バイセクシュアル（B）・トランスジェンダー（T）の頭文字を組み合わせたセクシュアルマイノリティの総称〕であることに悩む人や、夜の仕事をしている人からでした。そして口々にこう言うのです。


「孤独死保険には大家だけでなく店子も入れるのか」

「夜の街で働く自分でも、死後の面倒を見てもらえるのか」

「家族と縁を切っているが、死後、実家の墓には入ることはできるのか」


私が番組で口にした保険は、当時大家向けで、店子が〝孤独死保険〟に入ることは、さまざまな課題があり難しい状況でした（現在は店子が入る保険もあります）。電話をしてくれた一人ひとりにそのことを説明すると、「あんた、もっと頑張りなさいよ」と、逆に励まされてしまいました。

一般的に、自分の死後について具体的に考える機会はそれほど多くはなく、「終活」

という言葉もあるように、多くは高齢者になってやっと死後を意識するものだと思います。そして思い浮かべるのは、家族に看取られて亡くなる光景です。

しかし、結婚をしておらず、子どももいない、あるいはできない人たちが想像するのは、孤独死です。身寄りがなく生活している人たちの死後への不安が想像以上に大きいのだということを、テレビ出演の反響から知ることになったのでした。

実は私の事務所では、遺族や大家など、特殊清掃の依頼主から預かったいくつかのお骨を安置しています。遺骨を産業廃棄物として処分してほしいと言われることもありますが、当然、遺体の遺棄は法律で禁じられていますし、墓地の設置許可は条件が厳しく、私が埋葬するというわけにもいきません。寺院や霊園で永代供養するにも数十万円はかかり、その費用を負担できる遺族や大家は多くはありません。そのため、私が依頼主に代わって現場から出てきた遺骨を預かっているのです。

これらの遺骨は、海洋散骨を行うことを依頼主に約束しています。先日、私の故郷である沖縄に慰霊碑を建てるための土地を見に行きました。そこは海がよく見える場所です。遺体が引き取られることなく亡くなった人たちの名前を慰霊碑に刻み、誰でも訪れられる場所にしようと考えているところです。せめて死後は、故人が孤独な思いをせずに済めばいいと思うのです。

沖縄の美しい海を見渡す絶好のロケーションに慰霊碑が建つ。
孤独な思いをしないことを祈りつつ……。

事故物件専門不動産

ここまでさまざまな死後の様子を紹介してきましたが、故人が住んでいた部屋、つまり事故物件となった建物は、その後、どのように扱われるのでしょうか。

よくいわれるように、ある物件で人が亡くなった場合、次の借り手・買い手に何が起こったのかを伝える「告知義務」があります。これは宅地建物取引業法で定められているのですが、内容や期間が明確に決められているわけではないため、業者によって判断がまちまちなのが現状です。たとえば孤独死して死後、時間が経ってから発見されればまず間違いなく事故物件となりますが、家族と暮らす高齢者が病死した場合はおそらく該当しません。この中間にあるケースは山のようにあるのです。

事故物件扱いになると、次の借り手・買い手を確保するため、賃料や売り値が相場の3割引程度の金額になるのが一般的です。最近では、相場より安く借りることができる事故物件は意外と人気が高いようです。また、外国人はその部屋で何が起きたかをそれほど気にしないとも聞きます。たとえばイギリスなどでは、古くいろいろな歴史があるほど、不動産の価値が上がることもあるそうです。もしかしたら、「事故物件」という考え方自体が、少し潔癖な日本人に独特なものなのかもしれません。

実は私は、事件現場清掃人としての仕事のかたわら、不動産業も営んでいます。といっても、一般的な街の不動産屋さんではありません。事故物件専門です。

私は特殊清掃の依頼があると、依頼主に「相場の3割引程度でそのまま物件を買い取ることもできる」という提案をすることがあります。なぜなら、数十万円かけて特殊清掃と遺品整理を行い、さらに数百万円をかけてリフォームしたとしても、すぐに買い手や借り手が見つかるとは限らないからです。

この、物件を買い取るという提案は、依頼主が特殊清掃のあとのことを考える心理的な負担を軽減するためのものでもあります。

とはいえ、これは慈善事業というわけではありません。事故物件の買い取りにかかった費用を特殊清掃やリフォーム、物件販売の利益と相殺すれば利益が出ます。買い取った物件は、投資家に向けて販売することもあれば、私自身がそのまま所有することもあります。これまで私が実際に住んだこともありますし、現在も事務所として使用している物件もあります。私のもとへは、こういった事故物件の買い取りの相談が月に2、3件舞い込んできます。

私がこのように事故物件専門の不動産を事業として営むようになったのは、特殊清掃の経験を通して芽生えてきた、ある夢をかなえるためなのです。その夢については、次章でお話しすることにしましょう。

事故物件 file No.05

なぜか酒の空き箱と空き缶がうず高く積まれていた現場。他の部屋も同じように空き箱と空き缶が散乱していた。

ユニットバス内の練炭自殺。大きな七輪がふたつ、洗面台に積まれていた。

浴槽内には10袋以上の氷の袋があった。高温に耐えるため準備したのか。

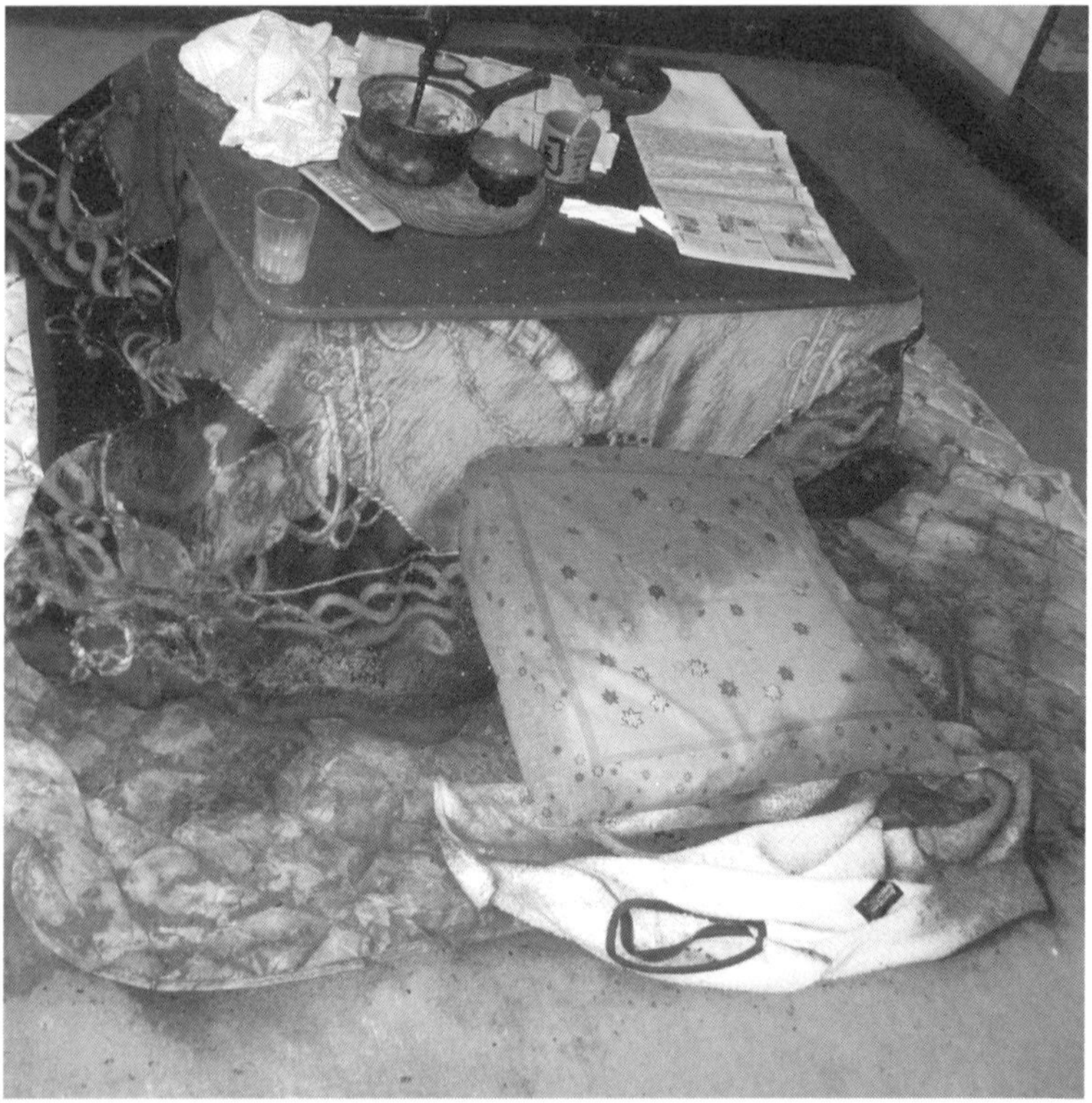

発見されたとき、こたつに座り息絶えていたという。部屋は整理され、穏やかな空気が広がっていた。

第6章 生まれくる命

故人から子どもたちへの恩送り

一家心中のあった家

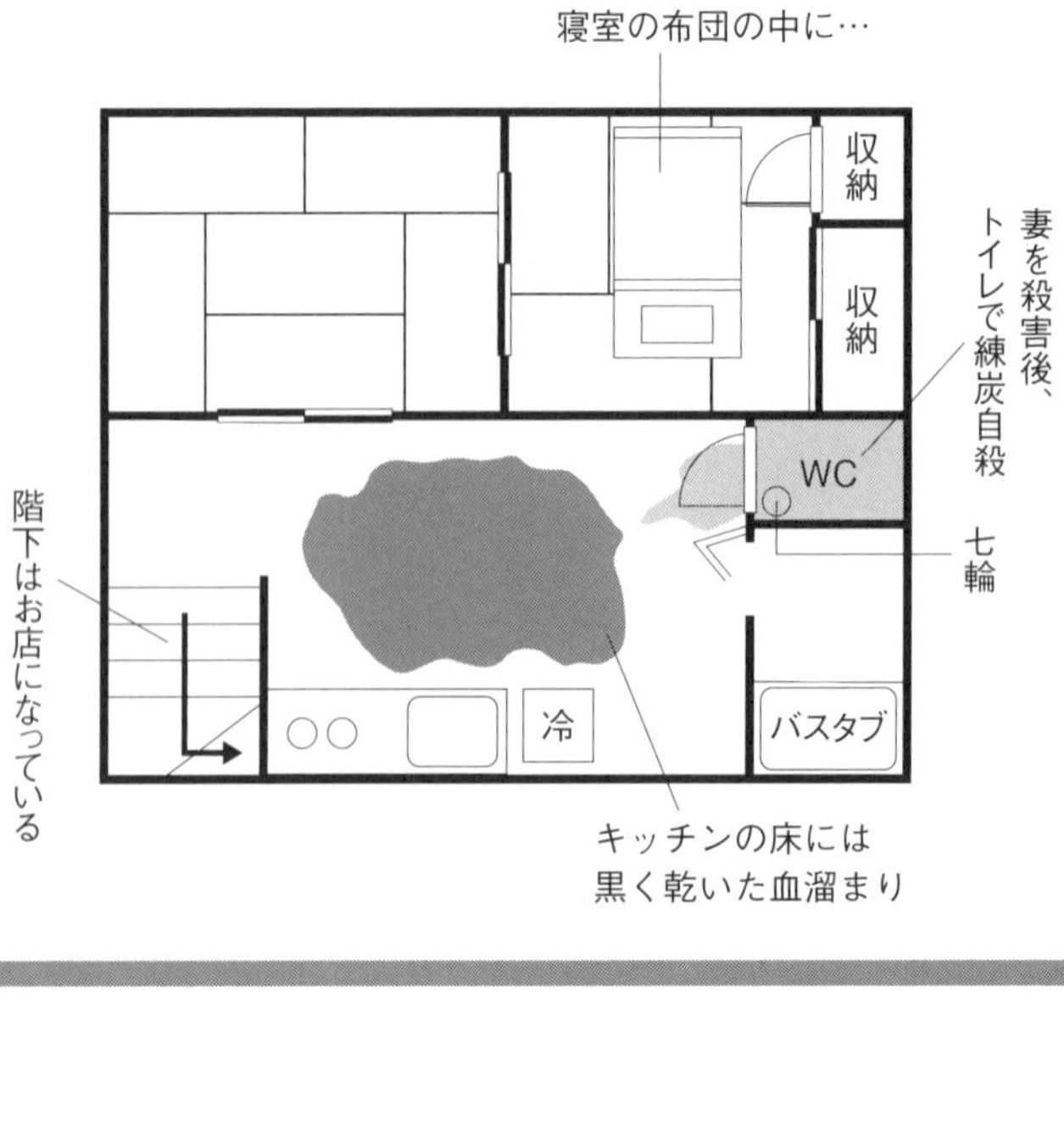
寝室の布団の中に…
収納
収納
妻を殺害後、
トイレで練炭自殺
WC
七輪
階下はお店になっている
冷
バスタブ
キッチンの床には
黒く乾いた血溜まり

ある心中の現場

孤独死、自殺、病死、精神疾患など、これまで、さまざまな死の現場とその背景を紹介してきました。特殊清掃とは、その人の死に至るまでの人生を追体験する仕事です。そういう意味では、ひとつとして楽な気持ちで臨める現場はありません。その中でも、私自身がもっとも苦しい思いをしたのが、無理心中の現場です。

それは、私がこの仕事を始めてまだそれほど経っていない頃のことでした。当時、私は「誰もやりたがらない仕事だからこそチャンスがある」という程度にしか認識していなかった特殊清掃という仕事に、ようやく真剣に取り組もうとしていました。

そんなとき、私に初めて特殊清掃の仕事を任せてくれた葬儀会社の社長から依頼がありました。最初に「心中らしい」と告げられましたが、この業界では何人かを経由して依頼が来るまでに、話がだんだん変わってくるということがよくありますし、当時の私はまだ経験が浅かったということもあり、心中だと聞いてもとくにその意味を深くは考えませんでした。ただ仕事をまっとうしようという気持ちだけで引き受け、現場に向かったのです。

そこは個人経営のカレーショップが入った建物で、2階が住居でした。心中というからには亡くなったのは夫婦だったのだろう、ふたりで一生懸命にカレー店を営んでいて、次第に経営がうまくいかなくなり、最後は借金を苦にして心中を図ったのだろう。私はそんなストーリーを思い浮かべました。

依頼してきた会社の担当者と建物の前で合流すると、私が先頭になって入ることになりました。依頼主や担当者は室内に入りたがらないことも多く、現場ではほとんどの場合、私が先陣をきって入っていくのです。

ドアを開けて中に入ると、室内の様子は悲惨なものでした。死後数週間は経っていたのでしょうか、キッチンには鮮血が飛び散った跡と思われる乾いて黒くなった血痕と、床には同じく黒い血溜まりがあり、その付近に遺体が腐敗した跡が残されていました。

またトイレには、遺体の腹が割れて噴き出た体液が床一面に広がり、じっとりと染み込んでいました。かたわらにはトイレに不似合いな七輪がありましたから、練炭自殺だったのでしょう。

当時の私は技術的にも精神的にも未熟で、そんな状況の中でとても冷静ではいられませんでした。汚れ具合と残置物の量をざっと確認すると、足早にその部屋をあとにしたのです。部屋を出て担当者に見積もり金額の承諾を得て、後日あらためて特殊清掃の作業を行うことになりました。

そしてできる限りの準備を整え、作業本番の日を迎えました。今度は一度目にした状況ですから、見積もり時よりは落ち着いていました。とはいえ、気持ちの面でまだ気後れしていた部分もあり、気合を入れて作業に取り掛かりました。

強烈な悪臭に耐えながら大量の虫の死骸を掃除機で吸い込み、スクレーパーで乾いた体液や血液をこそげ取っては何度も床を拭いて、どうにか汚染箇所の清掃を終えました。

作業がひと段落すると、少し気持ちにも余裕が出てくるものです。一息ついて、あらためて部屋を見渡しました。

遺体があったキッチンやトイレ以外、部屋が汚れたり荒れたりしているということもありません。書類や郵便物が散らばっている座卓、量販店で購入したであろう小さな木目のタンス、そして壁には幼い子どもが描いた絵が何枚も貼られていました。

「……そういえば、子どもはどうなったのだろう？」

見積もりで現場を訪れたときに、私は子どもの絵やおもちゃを部屋の中でたしかに目にしていました。しかし夫婦の遺体の跡に気を取られ、このときに至るまで、子どもがどうなったのかを考える余裕がなかったのです。

寝室にあった、あとで片付ければよいと放っておいた布団が急に気にかかりました。まさかと思い寝室へ向かい、その布団をよく見てみると、吐瀉物《としゃぶつ》なのか吐血なのか、枕には茶色く汚れた跡があり、掛け布団をめくると、漏らした尿と遺体から染み出た脂が小さな染みになっていました。

自殺した夫は、妻だけでなく、幼い子どもも手にかけていたのでした。

私は頭を殴られたかのような衝撃を受け、体が震えました。なぜ子どもに手をかけたのか。一瞬で悲しみと怒りが全身に広がり、強い虚脱感に襲われました。

実は私には、幼くして亡くなった妹がいます。生まれつき体が弱かった妹は、心臓の手術に耐えられずに命を落としてしまいました。しかし当時の私は手がつけられないほどやんちゃで、生前、体の弱い妹を気遣うどころか、毎日のように八つ当たりをする始末だったのです。

病院の霊安室で妹の亡骸《なきがら》を見て、はじめてその死を理解した私は、なぜもっと優しくしてやれなかったのかと心の底から悔やみました。今もその後悔と妹を失った悲しみを忘れることはできません。そしてこのとき、亡くなった子どもと妹の姿が重なったのでした。

「どんなに苦しくても、子どもまで連れていくことはないだろう」

心の底からそう思うと同時に、故人が一家心中という道を選んだ理由もわからなくはありませんでした。当時、私はかつて経営していた清掃業の会社の業績がかたむき、その会社を経営する中でつくった借金の返済に追われる毎日でした。そのときの私の状況と、おそらく経営難から自殺したであろう故人の境遇が似ていたため、明日は我が身と感じ、故人の姿に自分を投影していたのです。

一家心中という現実を目の当たりにし、私自身も特殊清掃を通して一家心中を追体験してしまったために、とてもこの仕事を続けていくことはできない、結婚して家庭をもつことなどとてもできないと感じました。それほど、私の心は痛手を受けてしまったのです。

それでも「誰かがやらなければならない」という思いで、今に至るまでこの仕事を続けてきました。

そして特殊清掃の現場で幼くして親を亡くした子どもの姿を目にするたびに、この一家心中の現場の体験を思い出し、複雑な思いにとらわれるようになりました。

他の現場で見た、夫が練炭自殺をしたあと、亡き夫を激しく罵る妻に連れられた女の子。見積もりに訪れた現場で、遺族と不動産買い取りの相談をする私をじっと見つめていた男の子……。

あらゆる感情を失ったかのような彼らの表情は、悲しみや怒りをあらわにしているよりも、むしろずっと痛々しく感じられました。

親が自殺や孤独死するときは、背景には借金などの問題があり、すでに離婚していることが多いものですが、その〝負の遺産〟を相続するのは、残された子どもです。世の中のことをまだわかっていないのに、責任だけがのしかかります。そんな子どもたちの姿を目にするたびに、その先の彼らの人生を憂えてしまうのです。

故人が一家心中という道を選んだのは、「子どもひとり残すのはかわいそうだ」という一種の親心でしょう。その考えはあまりにも身勝手で、とても許容できるものではありません。しかし、だからといって残された子どもたちが幸せになれるのかというと、そんな保証はどこにもないのです。

不幸の上に成り立つビジネス

このように、私は人が亡くなった部屋を清掃し、遺品整理を行うことで得た報酬を糧に生活し、今では家族を養っています。

遺品整理をしていれば引き取り手のいないものは私が買い取り、換金することもありますし、現場となった建物をまるごと購入して販売することもあります。私は、誰かが亡くなったことで発生する仕事でお金を得ているのです。

遺品整理をすれば、現金が出てくることもあります。もちろん高額であればしかるべき相手に渡しますが、まとめて処分するよう依頼されていれば、ちょっとした硬貨は私が引き取ることになります。

こういったものは事務所に手つかずのまま置かれていて、遺品整理のたびに壺に投げ込む硬貨は、もはやあふれんばかりです。気にせずにそのまま使えばいいじゃないかと言われることもありますが、私にはどうしてもそうする気にはなれないのです。

特殊清掃を行うことで遺族や大家の困りごとを解決し、その正当な対価を受け取ることには、プロフェッショナルとしてなんら後ろめたいことはありません。また、現場がどれほどひどく汚れていても、そんなことはなんら問題ではありません。

「この世の始末を請け負う」という私の仕事の真の依頼者は、亡くなった本人です。

特殊清掃や遺品整理を通して、故人が生き、死んでいった背景を知り、そこからさまざまなものを受け取ります。私はいわば、故人に生かされているのです。その恩を、一体どうやって返していけばいいのでしょうか？

私はこの「自分の幸福が人の不幸の上に成り立っている」というある種の矛盾に、長

5円玉の溜まったバケツ、高級食器、ほぼ新品のエアコン。遺品整理の際に出てきた品のうち価値のあるものは、片付け終了後に現金で買い取っている。

い間葛藤を感じてきました。

そもそも、相手が故人であれ健在であれ、「恩返し」などできるものではないと思います。仮に親の老後の介護をしたからといって、生み育ててもらった恩を返したことにはならないでしょう。ましてや、今はこの世にいない相手への恩などどうやっても返せるはずがないのです。

では、どうすればいいのか。その答えにようやくたどり着いたのは、妻と結婚し、そして長女が生まれてからのことでした。

児童養護施設「コガモの家」

２０１４年に放送された「明日、ママがいない」というテレビドラマをご存じでしょうか。さまざまな事情で親と離れ、「コガモの家」という児童養護施設で暮らす子どもたちが成長していく様子を描いた物語です。

実はこのドラマと私には、ある縁があります。私は２０１１年に結婚し、同年には長女に恵まれました。そして家庭を持ったことをきっかけに、飲食業を始めることにしたのです。高齢者の多い地域で弁当を宅配する事業をスタートしたのですが、ある日、そのお店をドラマのロケ地として借りられないかという相談を受けました。それが「明日、ママがいない」だったのです。実際に、私が経営していた弁当屋は、鈴木砂羽さんが演じる店員が働く店としてドラマに登場しています。

しかしその弁当の事業は残念ながらうまくいかず、しばらくして店を畳むことになりました。私はその頃、新たに始めた事業に挫折し、特殊清掃で人の死をお金に換える罪悪感に悩み、苦しい思いをする中で、人に話を聞きに行ったり、さまざまな本を読んだりして、経営について学ぶ日々を過ごしていました。

その頃によく思い出していたのが、無理心中の現場のことです。自分自身に長女が生まれたことで、あらためて子どもが犠牲になったことに憤りを感じる一方で、経営の難しさに直面して、故人の気持ちがいっそう理解できたのでした。

そんなときに放送されたのが「明日、ママがいない」でした。登場するのは、赤ちゃんポストに預けられた子、親が逮捕された子、両親を亡くした子、依存症の親に放置され保護された子など。まるで私が特殊清掃の現場で目にしてきた故人の子どもたちのその後を描いているかのように思えました。

ドラマを観ていくうちに、私の中でさまざまな思いや考えがひとつにまとまっていくのを感じました。

現場で触れてきたさまざまな人生の悲哀、親を失った子どもたちの行く末、故人から受けた恩を返す方法……。

私の中で、答えが、明確に形になりました。特殊清掃の仕事を始めてからずっと感じていた葛藤が、霧が晴れるかのようにすっと消えた瞬間でした。

私は現在、孤児院、つまり今でいう児童養護施設をつくろうとしています。事件現場清掃人が児童養護施設を経営すると聞くと、突拍子もない話のように思われるかもしれません。しかし、児童養護施設をつくるという夢は、私にとってはある意味、必然的な流れの中で生まれたものなのです。

思い返せば、私の出身高校にはこうした施設で育った同級生がたくさんいました。そして、私が著書を出したことをきっかけにそのうちのひとりと再会し、その際に出会ったのが今の妻なのです。その妻との間に生まれた子どもが契機となって、児童養護施設を舞台とするドラマに出会い……。まるで運命のように感じました。

私はこの施設を、ドラマにちなんで「コガモの家」と名付けようと考えています。

故人から子どもたちへの「恩送り」

私にとって子どもたちのための施設をつくることは、特殊清掃で得たお金の「出口」となるものです。引き取り手のいない遺品や、買い手のつかない事故物件も、施設の運営におおいに役立てることができるでしょう。

いわば「恩返し」ならぬ「恩送り」。私が仕事を通して故人から受け取ったさまざまなものを、未来を生きる子どもたちのために生かしていくのです。

現在、この施設の設立準備を進めています。運営母体となるのは「ＣＯＤＯＮＡ」という法人です。この名称には、「コーポレート・ドゥ・ナチュラル」、つまり自然体で動く組織という意味と、「子どもと大人」、子どもの感性を持ち大人として生きるという意味を込めました。私が経営を学んでいる師匠の知恵をお借りしたものです。

私はこの施設を、行政からの補助金だけで運営しようとは考えていません。かといって入所料で成り立たせようというわけでもありません。なぜなら、あくまで自立した組織として運営しないことには意味がないと考えるからです。

公的な支援だけで成り立っている組織が存続するためには、支援を受け続けなければなりません。つまり児童養護施設であれば、孤児が存在し続けなければ存続できないのです。こうしたループに陥ると、そもそもの問題解決を先延ばしにしようという力学が働いてしまいます。

もちろん、現在の児童養護施設を批判するつもりは一切ありません。これから新たに始めるのなら、これまでにはない方法でやっていく必要があると思うのです。

今、私が考えているのは、まずは小さな規模でスタートすることです。ひとりの子どもが18歳になるまでにかかるお金は2000万円といわれていますが、月額にすれば10万円もかからない計算になります。ひとりの子どもの面倒を見るために、それほど大きなお金は必要ないのです。

数名の規模であれば、建物は戸建てでいいでしょう。そこで子どもたちが暮らし、勉強して、成長していく。私は元々料理人ですから、食事をつくって出すこともできます。場合によっては、養子を迎えるように、家庭的に運営していってもいいと思うのです。

そしてやがては、この取り組みをモデル化し、クラウドファンディングのように出資者を募って、私以外の経営者にも参加してもらえたらと考えています。慈善事業をしましょうということではありません。子どもの数が5人になり、10人になり、100人になって、全国各地に施設が広がっていくのです。稼いだお金を使って、たくさんの人とともに子どもを育てるのは、単純に楽しいことだと思うのです。

命を守るお金と知識

またこの法人では、海洋散骨を事業として行います。なぜなら、この施設を自立した組織としていくためには、自らお金を稼ぐ組織にする必要があるからです。これもすでに具体的に動きはじめていて、まずは事務所で預かっている6体のお骨を沖縄の海に散骨する予定です。

海洋散骨とは、その名のとおり、砕いた遺骨を海に撒く供養の方法です。これまでにも触れたように、特殊清掃では供養されないままのお骨をたくさん目にしてきました。その背景には、経済的にお墓に埋葬することが難しいという貧困の問題があります。

また、墓参りの習慣が薄れていることから、墓じまいをするケースも増えているようです。墓じまいとは、墓石を撤去するだけではありません。納められていたお骨を改葬することが必要になるため、そのお骨をどう扱うのかが問題なのです。

今では死後、自然に還ることを望む人も多いといいます。実は私自身も、死後は海に葬られたいと思っているのです。それは、たまの墓参りのときにだけ故人を偲ぶよりも、海を見たら思い出すほうがすてきだと思うからです。ふだんから子どもたちをよく海に連れていきますし、ことあるごとに「海を眺めたら父ちゃんと母ちゃんを思い出せ」と話しています。覚えていてくれさえすれば、それで十分ではないでしょうか。

海洋散骨の事業では、預かったお骨をパウダー状に砕く「粉骨」と、その粉を海に撒く「散骨」を行います。セレモニーは行わず、散骨する時期も場所も任せてもらうぶん、料金は3万円（税別）で請け負います。そうすれば、お墓を建てたり、永代供養したりすることが経済的に難しい場合でも、多くの人が供養することができるでしょう。そして、散骨した海が見える沖縄の土地に慰霊碑を建て、故人を偲べる場所をつくろうと考えています。

組織としての自立に加え、もうひとつ考えているのは、児童養護施設でのビジネス教育、つまり子どもたちの自立です。学校から帰ってきたあとに経営を学ぶゲームで遊んだり、簿記の勉強をしたり、決算書の読み方を教えてもいいでしょう。この施設はもちろん子どもを守るための場所ですが、海鳥が雛に餌を与え、魚の捕り方も教えるように、私も子どもたちを育てながら、経営の知識を与えていきたいと思うのです。

日本では商業科や経営学科はあっても、お金は卑しいものという考え方がまだ根深く残っています。しかし、お金や経営に関するスキルを持っていれば必ず社会で役に立ちます。それだけでなく、ときには命を守ることにもつながります。お金で解決できるものはお金で解決すればいいのです。

そして、それができないからといって嘆く必要はありません。私が特殊清掃の現場で出会う自殺者の半数は経営者です。彼らは金銭的な問題を抱えた結果、自殺以外の解決手段を見失ってしまうわけですが、本当は解決する方法は無数にあります。住む場所がなければ事故物件がありますし、どうしようもなくなれば生活保護だってあるのです。そういった知識があるかどうかで、失敗してしまったときの判断も変わってきます。

よく、数千万の損失で自殺することはあっても、数十億の損失で自殺する人はいないといわれます。もし事業が失敗してしまっても、億単位の金額を個人が弁償することなどできません。だからこそ、そうならないように精査を重ねるのですが、結果についてはある意味、無責任な姿勢でいてもいいのです。

私が特殊清掃や海洋散骨の事業で得た利益を施設の運営に還元していくのは、私にとっての「恩送り」です。そして、この施設で育った子どもたちがやがて大人になり、今度は次の世代の子どもたちに「恩送り」をしてくれれば最高だなと思います。「コガモの家」という施設の名称には「子がもの言え」、つまり子どもの意見を尊重してやっていけという、すてきな意味も込められているのです。

死にざまから生きざまを学ぶ

生きるためにはお金と知識が必要であること。その一方で、お金を貯め込むこと自体にそれほど意味はないこと。あの世に行くときに何を持っていき、この世に何を残していくのか。子どもたちのための施設には、私が故人から受け取った、あらゆることが込められています。

私自身、これまで貧しい生活をして苦しい思いをしたこともありました。しかし、資産家と呼ばれるような人たちの中には、そんな私の生き方を「自由で羨《うらや》ましい」という人もいました。多くのお金を稼ぐことを目的とする生き方を否定はしませんが、幸せの基準は決してお金の多さだけではないと感じます。

たとえば私は車が趣味ですが、今では所有したいという欲求はありません。道具として車を使ったり、楽しみとして運転じたりすることはあっても、瞬発的な喜びを味わったら未練なく売ってしまうでしょう。高級マンションで暮らしていたこともありますが、必要以上に大きい家に住むことにも興味はありません。

妻と子どもたちにも、大きな資産を残すつもりはないということを伝えています。というのも、貧しかったことも苦しかったことも、振り返れば人生のいいスパイスになっているると感じるからです。生きることの楽しみを子どもから奪うのは気が引けます。

以前の私は、がむしゃらに働いて、たとえ仕事がない日でも休むということをしませんでした。しかし今は、どんなに忙しかったとしても休む時間をとって、家族とともに過ごそうと考えています。

子どもが生まれて感じているのは、「子どものために頑張ろう」ということ以上に「子どもに遊んでもらいたい」ということです。あと10年くらいは、娘たちも父に付いてきてくれるでしょう。その間に一緒に遊んだり、海に行ったり、お金を稼ぐ以上にやるべきことはいくらでもあります。

だからぜいたくはムダだというつもりはないのです。好きだと思える仕事に打ち込む。自分自身のために思い切り楽しむ。そしてその先は、誰かに喜んでもらえることをしていく。

月並みですが、これこそ、私が特殊清掃の現場で目にした数々の「死にざま」から学んだ、私なりの「生きざま」なのです。

事故物件 file No.06

床から１メートル以上積み上げられ、“地層”となった荷物。

このような状況でも、キッチンでは日々自炊した痕跡が残っていた。

リストカットの現場。おびただしい量の血痕が残る。

エピローグ

日本から孤独死がなくなるとき

孤独死のない社会をめざして

「仙台四郎《せんだいしろう》」の話をご存じでしょうか。江戸時代末期に東北地方で生まれ、知的障害があったものの、四郎が訪れた店は繁盛するという噂が立って人気者になったという人物です。商売繁盛のご利益があるとして半ば伝説として語られるこの人物の話は、生産性がないように思えるような人が社会にいてもいい、むしろそういう人がいるからこそ社会は豊かなのだという教えなのだと思います。

しかし現代は、この仙台四郎の話と真逆の流れになってはいないでしょうか。

私が10代の頃のように、若い頃に車やバイクを乗り回し、その特技を生かして整備屋で働く人や、学生時代にグレていた人が鉄筋屋の職人になるようなケースも、最近ではすっかり見かけなくなりました。かつては誰にでもあった活躍の場が、どんどん少なくなっているように感じます。

世の中を動かす仕事は専門化・高度化していく一方で、単純作業はAIやロボット、ドローンが担うようになり、社会に居場所がなくなる人は今後も増えていくでしょう。

本書にはさまざまな孤独死の事例が登場し、それぞれの背景に触れていますが、孤独死が増えている原因は、つまるところ、「居場所がない」ということに尽きるのではないでしょうか。

もちろん、孤独死の大きな要因として、貧困の問題があります。65歳以上の高齢者がいる世帯の3割は貧困状態にあり[※10]、貯蓄もほとんどないといわれていますし、母子家庭の半分以上、父子家庭の4分の1は貧困状態に陥っています[※11]。日本では格差社会が広がり、貧困にあえぐ人は増える一方です。その原因のひとつは、正規雇用の定職になかなか就けないことです。おそらく新型コロナウイルス禍によって、貧困層はさらに拡大するでしょう。ただ、経済的に苦しんでいる人が増えているとはいえ、日本には生活保護などのセーフティネットもありますし、クラウドファンディングでもＳＮＳでも、稼ごうとすれば自ら稼げる環境も整っています。健康でさえいれば、どうにかなるという状況ではあるのです。

そういう意味では、貧困の原因は不健康な生活習慣によって体を壊したからか、お金を稼ぐ方法や援助を受ける方法を知らないからか、乱暴に言えば大きくはふたつだということになります。そして、貧困の原因が生活習慣や無知にあるのだとしたら、そのさらに根底には、人との触れ合いの希薄さがあると思うのです。

本書に登場するいくつかの事例でも触れたように、孤独死に至るまでに、他人との関わりを絶ってしまう人がいます。時代の変化で地縁や血縁が薄らいだということはもちろんあるでしょう。また、人に迷惑をかけたくない、人間関係が煩わしいなど、自ら人払いをする理由はそれこそさまざまだと思います。

しかし、人は独りでいることに、多かれ少なかれどうしても寂しさを感じるものです。その寂しさを埋めるために、ペットを飼う人もいれば、お酒やギャンブルに溺れる人も、ネットゲームやSNSにハマる人もいます。しかし、孤独は人とつながることでしか癒せません。人との関わりを絶ってしまっては、結局は何をやっても、寂しさを解消することはできないのです。

同時に、人との出会いがなければ、新たな知見や刺激は得られません。インターネット上に情報はあふれていますが、それはあくまで自ら行動して得られるものです。外部からの刺激がなければ現状を変えるきっかけを得られず、ただ自分だけの世界に閉じこもって、ＳＮＳで承認欲求を満たしたり、寂しさを吐露したりするだけということになります。その結果として、ただ疲れ果て、病んでいってしまうのです。

人が人との関わりを絶ってしまう理由は、周囲からの愛情を受け止められてこなかったことが大きいと私は考えています。というのも、私自身がそうだったからです。

私は小学生の頃からグレはじめ、ケンカは日常茶飯事、中学生のときにはバイクを乗り回していました。それは、今思えば、親の愛情に気づかず、自分のことしか考えていなかったからだったと思います。そしてそれ以上の非行に走らずに済んだのは、幼い妹を亡くし、これ以上親を悲しませるわけにはいかないと気づかされたからです。

愛されるとは、いわば「存在していていい」という許しのようなものです。逆に、愛されていないと感じるということは、存在を許されていないと感じることなのです。

他人からの愛情を受け止められず、「自分は誰からも愛されていない」と思い込めば、人はどんどん孤立していきます。そして当たり前のことですが、孤独に生きていれば、孤独に死んでいくことになるのです。

もちろん、たとえ孤独死をしたとしても、それが自らの意思で選択した生き方の結果なのであれば、他人がとやかく言うことではありません。しかし、社会的な状況から選ばざるを得なかったという場合はどうでしょうか。

今後、10年、20年で、いわゆる団塊の世代の要介護リスクが高まり、同時に私のような団塊ジュニア世代は引退に向かって、いよいよ少子高齢化が進行します。

私はこの少子化の傾向は、日本の人口密度の高さが関係しているのではないかと思うこともあります。満員電車の中でおしゃべりをする気にはならないように、人が集中しすぎていることを無意識に感じ取っているから人とのコミュニケーションにも消極的になってしまうのかもしれません。

そしてこれから、日本の人口が減少していくとき、社会に居場所を失った人たちはどうなっていくのでしょうか。私は期待も込めて、原点に回帰し、農業や漁業、林業などの一次産業に活躍の場を見出すのではないかと考えています。今後、日本は空き家問題が深刻化する一方で、利用可能な土地が余っていくことになります。その土地を耕し、季節を感じ、日々の恵みに感謝しながら、自給自足するように働くことができたらすてきだなと思うのです。

私の事件現場清掃会社は、企業理念として「感謝追求」を掲げています。それは、人は誰かに「ありがとう」と言われることで、自分の居場所を見つけることができるからです。誰かの役に立つということは、社会の中で居場所を得ることにほかなりません。

そしてそのためにも、「故人の死を誰ひとり偲ぶ人がいない状態」という真の意味での孤独死をなくすことが、事件現場清掃人としての私の使命だと考えています。

孤独死をなくす家賃保証会社

私がこれから展開しようとしているのは、児童養護施設の運営や海洋散骨事業だけではありません。実はもうひとつ、孤独死をなくすための取り組みを行っています。それは、賃貸住宅に入居する人の、死んだあとの面倒までを見ることができる新しい「家賃保証システム」です。

私は以前から、店子が孤独死した場合の特殊清掃費用などを補償する、大家向けの保険が必要だと考えていました。それは、特殊清掃の現場で、遺族と大家の間のトラブルを数多く目にしてきたからです。

こういった保険は2015年頃から実際に登場しはじめ、今では大手の保険会社にも同様の商品が出揃っています。ただ、これはあくまで家主向けの保険であり、入居者が加入できるものではありません。

持ち家がある人はそもそも資産がありますから、孤独死をしても経済的に深刻なダメージを受けることはそれほどありません。しかし、賃貸物件の入居者で、経済的な余裕がなく、自らの死後を案じて生活している単身者は大勢います。そもそも、住む家にさえも困っている人もたくさんいるのです。

身寄りがなく、いつ突然死するかわからない。人々のそんな不安を取り除くことは簡単ではありません。しかし、私が考えている「家賃保証」の新しい仕組みなら、それが可能になるのです。

現在、家賃保証という仕組み自体はすでに存在しています。そういったサービスが提供しているのは、賃貸契約を結ぶ際に必要になる連帯保証人の役割を代わりに担うことです。たとえば家賃が支払われなかった場合、家賃保証会社が賃料を立て替え、貸主に代わって入居者に督促します。家主からすれば家賃滞納のリスクや督促の手間がなくなり、入居者からすれば連帯保証人がいなくても賃貸契約ができるため、家賃保証は最近では一般的に利用されるようになりました。

ただし、賃貸物件の入居審査にあたっては、高齢者であったり、雇用形態が不安定だったりすると通りにくくなります。それは家賃保証の審査でも同じです。しかし、このような審査に通りづらい人、連帯保証人が用意できない人というのは、ある意味、孤独死のリスクが高い人でもあるのです。

そのため、私が考えている家賃保証では、一般的に審査に通りづらい年金受給者、生活保護を受けている40歳未満の人、生活保護を受けていない40歳以上の人を対象にしています。そして、家賃だけでなく、入居者の行方がわからなくなった場合は残置物の処理費用を、家賃滞納が続いた場合は明け渡し訴訟費用を保証します。さらに、もしも入居者が亡くなったときは、特殊清掃を含めた原状回復費用も保証するのです。

身寄りがない入居者の特殊清掃の費用は大家が負担せざるを得ません。大家にとっての最大のリスクは、部屋が事故物件となってしまうことなのです。

この死後の面倒まで見る家賃保証によって、まず貸主が安心して多くの人に部屋を貸すことができる状況をつくり出すことができます。そして何より、入居者本人に対して接点を持つことができるのです。

たとえばこの家賃保証システムの契約者に向けて、契約更新の際に入居者のもとを訪れることもできれば、毎月、ニュースレターを発行することもできるでしょう。その人が生きている間は継続的に関わり続け、もしも亡くなったときには、私が故人を偲ぶことができます。

誰かが弔ってくれるという安心感を持ってあの世にいけるのだとしたら、それはもはや孤独死ではないと思うのです。

一般的な家賃保証の仕組み

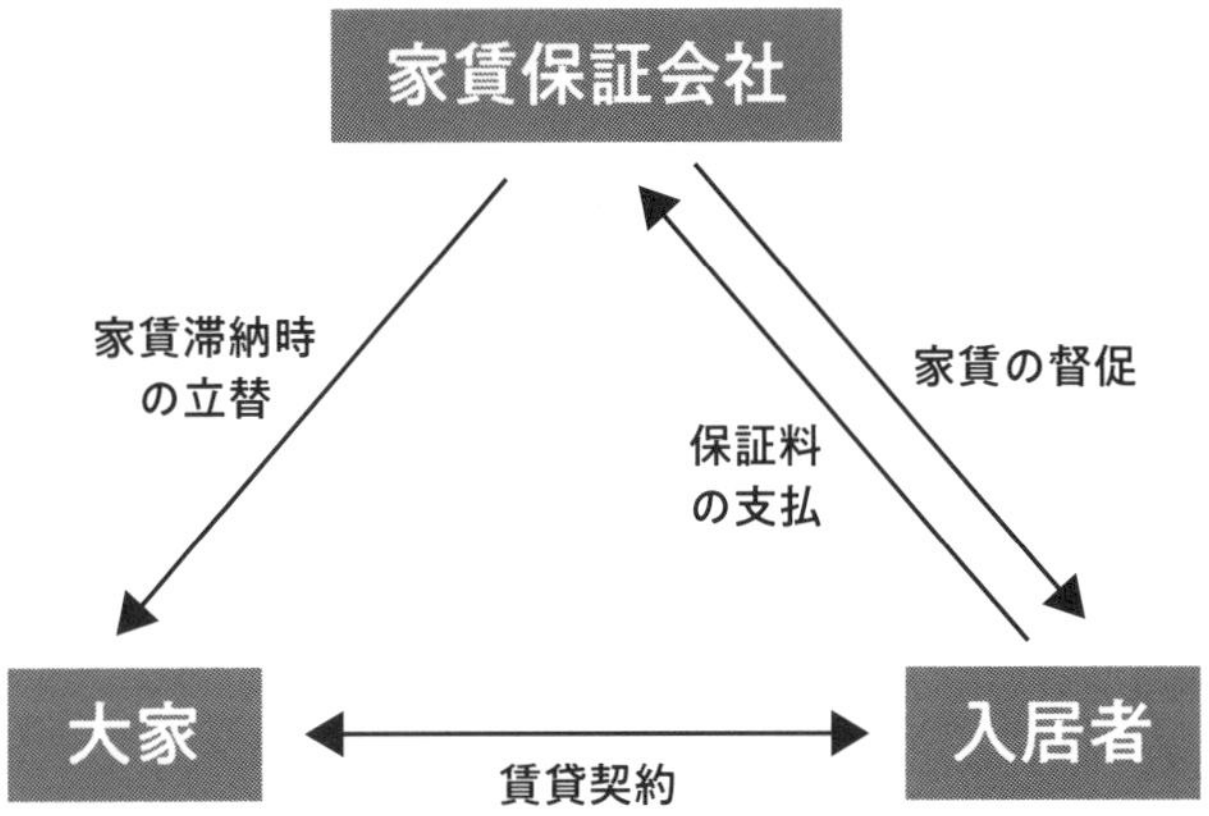

私の提供する家賃保証の仕組み

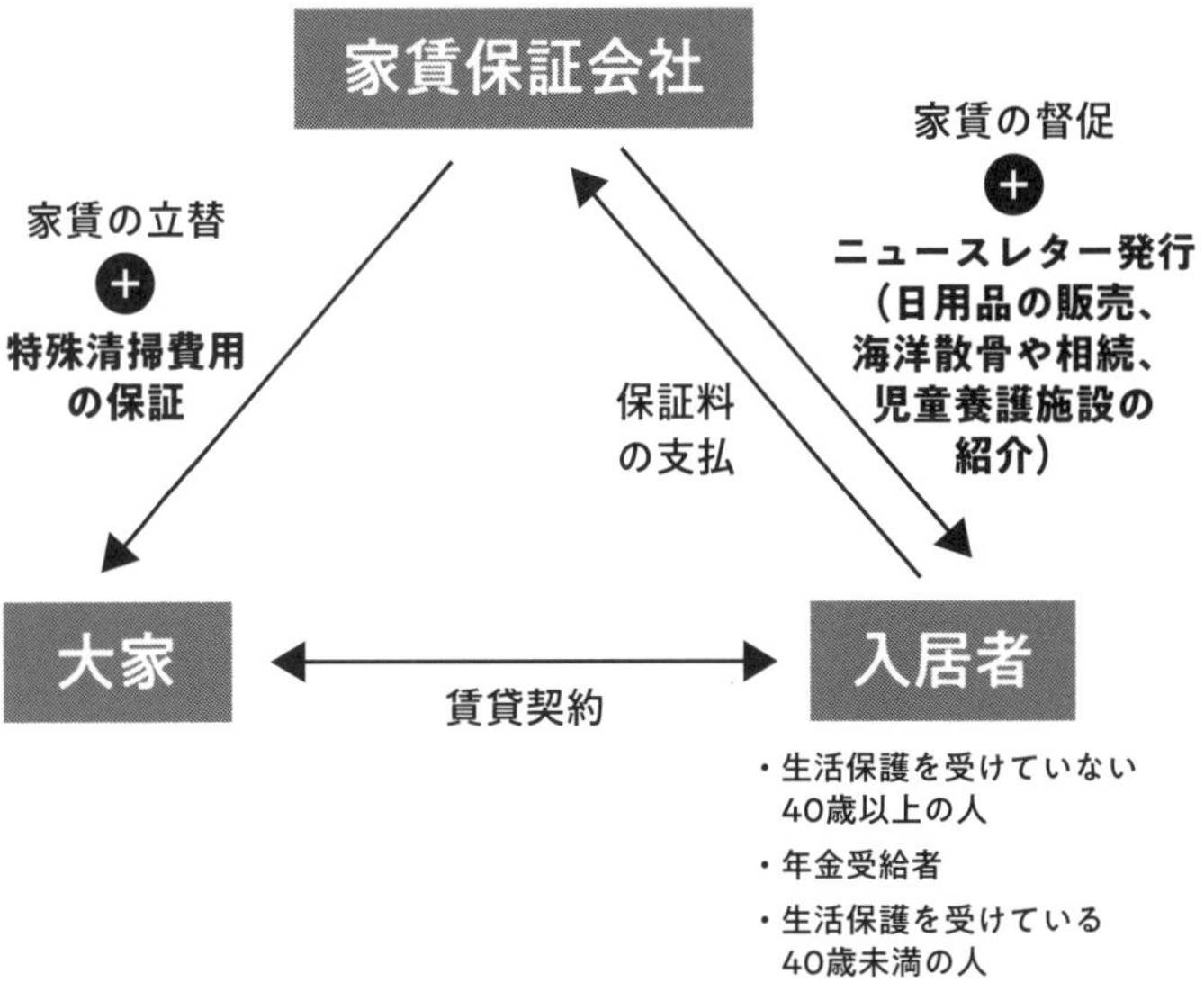

あなたの死に様、かなえます

事件現場清掃人の使命が「孤独死をなくすこと」だというのは、考えてみればおかしな話です。というのも、孤独死がなくなるということは、特殊清掃の仕事がなくなるということでもあるからです。

もちろん、人は生きていれば必ず死にますし、いつどこで命を落とすかは誰にもわかりませんから、孤独死そのものがなくなるということはありません。これからも特殊清掃の需要がなくなることはないでしょうし、むしろ近年は、特殊清掃の業者が増え、競争が起こっているほどです。

しかし、実は私自身の特殊清掃の仕事はなくなってしまっても構わないと思っているのです。

児童養護施設の運営にしても、私だけでなく、できるだけたくさんの人に関わってほしいと思っていますし、家賃保証のサービスも、さまざまな事業の器として、やりたいと思う人が好きなようにやればいいと思っています。そこからさまざまなビジネスが生まれて、みんなが儲かったお金で子どもたちや困っている人を助けることができるのなら、これほど楽しいことはないと思うのです。

たとえば家賃保証の契約者に毎月ニュースレターを送るとして、そこにどういった情報を載せるかで、さまざまな展開が考えられるでしょう。

入居者に社会との接点を持たせるということを考えれば、麻雀や将棋などの地域コミュニティや、お祭りなどの催し物の情報を入れることができます。この場合は、広告事業ということになるでしょうか。

おすすめの商品を掲載して販売してもいいでしょう。味噌や醤油といった調味料、トイレットペーパーなどの消耗品、どんなものでもいいと思います。ニュースレターを通して日用品を購入・宅配できれば、足腰が不自由な方には直接的なサポートになります。

また、電話注文や、カスタマーサポートなどによって、コミュニケーションそのものも発生します。日常的な困りごとを解決するビジネスも考えられますし、求人情報を載せることだってできると思うのです。

そして、そのニュースレターに「あなたの〝死に様《ざま》〟をかなえます」という広告を入れたらどうでしょうか。

もしも本人が亡くなったら、特殊清掃や遺品整理で死後の始末をつけることができますし、火葬を終えれば遺骨を海に撒くこともできます。また、相続する相手がいなければ、遺産を寄付する先として子どもたちのための施設を紹介することもできます。

私自身がそうであるように、未来を生きる子どものためにできることがあると知ることは、その人にとっての救いになると思うのです。人生の最後に子どもたちに何かしてやれたという思いを持って逝くことができれば、本人としては悪くない生き方だったと感じられるのではないでしょうか。

生きることの意味

これまで、誰も故人を偲ぶ者のいない、真の孤独死といえる現場をいくつも見てきました。そのようにして亡くなった人が、死を迎えるその瞬間に何を思うのかと考えると、やるせない思いでいっぱいになります。だからこそ私は、「せめておれだけでも弔ってやる」という気持ちで、特殊清掃の仕事を行ってきたのです。

私は、人生における判断の基準はふたつだけだと思っています。ひとつは、「好きか嫌いか」。もうひとつは、「できるかできないか」。

「好き」で「できる」ことならおおいにやればいいし、「できる」ことでも「嫌い」なら、それをやる意味はないのです。

このことは、結婚を考えてみるとよくわかります。たとえば若者に「どんな人と結婚したいか」と尋ねると、きっと体型や性格、趣味や職業など、あれこれと条件を挙げるでしょう。しかし、その条件にかなう相手と結婚したとしても、その人は寝たきりになることもあれば、失業することだって、それを苦にして自ら命を絶つことだってありうるのです。その条件に合う部分が欠けてしまった場合に、相手を愛せるでしょうか？それよりも、「なぜだかわからないけれど好きだ」と思える相手と結ばれたほうが、ずっと幸せになれるのです。

たとえ他人からの評価が低い相手でも、自分が「好き」と思えるのなら、それでいいのだと思います。端から見ていると、なぜそんな人と一緒にいるのだろうと疑問に感じられても、本人が幸せだと思えるのなら、それでいいのです。

人が生きた価値は、その長さだけでは測れません。

生きていれば、苦しい思いやつらい思いをすることは当然あります。道半ばで命を落とす人だっているでしょうし、幼くして亡くなることだってあるのです。私の妹は幼くして亡くなりましたが、明るい性格で、生前は親の愛情を一身に受けて育ちました。最後は「私、頑張るね」と言って手術室に向かっていったのです。

その人生が長くても短くても、生まれてから死ぬまでの間に、いかに愛し、愛されたのかという実感をもてるかどうかが大切だと思います。少しでも「幸せだ」と思えた瞬間があったか、死を迎えるその瞬間に「いい人生だった」と思えたか。それこそが、その人にとっての人生の価値となるのだろうと思うのです。

人が亡くなる最期のときに「幸せだった」と思えたかどうかは本人以外にはわかりません。逆に言えば、どれだけ他人が「幸せな人生だった」と言おうが「かわいそうな人生だった」と思おうが、故人には一切関係がないのです。

死は、誰にでも訪れます。孤独のまま死を迎えることは寂しいことです。しかし、愛されていると感じられる関係性を築けたなら、死ぬこともそれほど怖くはないのではないでしょうか。なぜなら、愛した人、愛してくれた人にまた会えると思えるのですから。

もっとも、「あの世」というものがあるかどうかはわかりません。確実なのは、今、あなたはこの世に生きていて、そしていずれ死ぬということだけです。大切なのは、死の間際に目を閉じるとき、「本望だった」と思えるのかどうか。

さあ、あなたがあの世に行くときは、何を思うでしょうか？

おわりに

「本書の真の主人公は故人である」

私は本の冒頭でそのように書きましたが、ここでは今までの私自身の歩みを振り返ってみたいと思います。少々長くなりますが、お付き合いください。

私は沖縄の工業高校の調理科を卒業し、１９８９年に上京して、料理人として働きはじめました。その合間のアルバイトとして経験した、ハウスクリーニング業で起業したのが１９９６年のこと。その事業は業績を伸ばしたものの、２００２年に借金だけを残して会社を解散することになりました。そのときに出会ったのが、特殊清掃の仕事です。以来、経験と研究を積み重ねてノウハウを構築し、さまざまな現場を手掛けてきました。

ひたすら特殊清掃の仕事に奮闘するうち、幸いにも徐々に評判が高まっていきました。そして２００９年に、あるニュース番組で私の仕事が取り上げられ、これが、いくつかの出会いに恵まれるきっかけとなりました。

飛鳥新社から前著を出版することになったのも、そのひとつです。当初は無料の小冊子用のインタビューという依頼でしたが、私のそれまでの経験をお話ししたところ、1冊の書籍として出版することになりました。それが2010年に出版された『事件現場清掃人が行く』です。

この本を書くことは、実は私にとっては苦行のようなものでした。自分の過去と向き合い、言語化していくという作業の中で、あまりのつらさに嘔吐したこともあったほどです。難産ではありましたが、その後の文庫版と合わせて7万部のロングセラーとなり、私自身も注目されることになりました。

たとえば2011年にはTBSの番組「ゴロウ・デラックス」に招かれて、稲垣吾郎さんや小島慶子さんとお話しする機会に恵まれましたし、2013年と2017年にはフジテレビ系の番組「ザ・ノンフィクション」に出演し、杉本哲太さんや竹内結子さんにナレーションをしていただきました。文庫版に解説を寄せてくださった、作家の高山文彦さんは、これらテレビ番組をきっかけに私を知ったようで、取材を通して親しくさせていただきました。

特殊清掃の仕事をきっかけに、こういったさまざまなご縁をいただいたことには、感謝しかありません。

本書のカバーイラストを描いていただいた、漫画家の花沢健吾さんもそのひとりです。花沢さんと出会ったのは、彼の代表作『アイアムアヒーロー』の第1巻が発売される1年ほど前、2008年だったと思います。小学館の編集者から連絡があり、「パンデミックで日本が荒廃していく漫画を描くことになり、そのための資料として特殊清掃の現場を取材させてほしい」と依頼されました。花沢さんには現場を何度か体験していただき、見てもらうだけでなく、実際に清掃作業をしてもらいました。

取材の最終日の夜には横浜の小料理屋で杯を交わしたのですが、年齢も近く、当時はふたりとも独身だったこともあって、互いのことを話すうちに打ち解け、連絡先を交換して別れたのでした。その後、発売された作品を送っていただき、ずいぶんとリアルに描かれているなと感心したものです。

そしてこの度、本書『事件現場清掃人 死と生を看取る者』の出版が決まったとき、花沢さんにカバーイラストをお願いできないかと思い付きご連絡したところ、快諾していただけました。実は資料として送る写真を慌てて撮影したため、手袋を着け忘れてしまったのですが、それはここだけの話に留めておきましょう。

自分の姿を人気漫画家に描いてもらい、しかもそれがカバーになるということは、なかなか経験できるものではありません。稀有な体験をさせていただき、花沢さんには心からの感謝を伝えたいと思います。

そして、花沢さんとの出会いのあと、２００９年に私は結婚しました。実は当時の私は、数々の凄惨な現場、とくに本書にも詳しく書いた無理心中の現場を経験したことで、家庭を持つことの難しさを感じ、生涯独身を貫く覚悟でした。そんな私の頑なな心を開いて、「この人なら」と思わせてくれたのが妻です。出会ってから3か月での結婚でした。

その後、２０１3年には長女のちはるが生まれました。なかなか子どもができず、諦めかけていた中で授かった命でした。

子どもに恵まれたことがわかったとき、生まれてくる子が女の子なら妻が、男の子なら私が名付けをすると決めました。そしてお腹にいる子が女の子だとわかったため、妻が生まれてくる子に付ける名前を考えていました。しかし、出産当日、生まれた我が子を見て、考えていた名前が合わないと感じたそうです。

「やっぱり、あなたが名前を決めて」

突然そう言われて、私の頭に浮かんだ名前が「ちはる」です。

実は私は、特殊清掃の現場でひとり作業をするとき、その部屋で亡くなった方への鎮魂歌として、いつも口ずさんでいる歌があります。松山千春さんの名曲「生命（いのち）」です。生まれてきた小さな子どもをずっと見守っていたいという、新しい命の輝きを賛美するこの歌と同じ思いを子どもの名前に込めました。

私はいつも「明日死ぬかもしれない」と思って行動しています。初めての子どもが生まれたこのときも、私がいつ逝ってもいいように、「あなたが生まれて父ちゃんと母ちゃんは幸せだった、愛しているよ」という気持ちを伝えておきたいと思ったのでした。

２０２０年には、長男の大斗（たいと）が生まれました。大斗は難産で、２０１９年の末、妻は前置胎盤と切迫早産で緊急入院し、３か月の入院生活を経てようやく生まれた子でした。妻は子宮を摘出することになったのですが、とにかく無事に生まれてきてくれたことに胸をなでおろしたものです。

長男の名前には、神社の屋根を支える基礎「大斗（だいと）」や、一斗が一升の10倍であること、tightに忙しいという意味があることから、「大（ひろ）く人々の礎となり、働く者になるよう、自らの一生（一升）を人の十倍、多端に生きてほしい」という願いを込めました。

人の10倍出会って、10倍知って、10倍挫《くじ》けて、10倍泣いて、10倍喜び、10倍笑え。人の世は、楽ではないが、悪くはないぞ。おまえの好きに生きなさい。長男には、そんなことを伝えておきたいと思ったのです。

低出生体重児として生まれた大斗も、今では平均体重より2キロも重くなり、元気に育っています。妻が入院している間、ふたりきりで生活したちはるは、今では7歳です。もっとも、私が女の子の遊びをできないものですから、すっかりお母さんっ子ですが。

そして妻は、手術で臓器をひとつ失ったにもかかわらず、いつもゲラゲラと笑って、笑顔が絶えない家庭を築き、守ってくれています。ただひたすら子どもたちのことだけを思ってやってくれている姿を見ると、感謝と申し訳なさが入り混じった、何にもたとえられない気持ちになります。

妻と出会い、家庭ができたからこそ、喜びも悲しみも何倍も味わえています。そして、もっと長くこの風景を見ていたい、だからこそ仕事を頑張ろうという気持ちになるのです。

まさか私がこんなに満ち足りた気持ちを感じられるとは、思いもよりませんでした。私を生んでくれた両親、いつも心配してくれる弟家族、愛する妻、ちはる、大斗。本当にありがとう。

本書の編集を担当していただいた飛鳥新社の池上直哉さんと打ち合わせをしたのは、ちょうど妻が出産のために入院しているときでした。まだ新型コロナウイルスが蔓延する前で、その頃はオリンピックより前に発売しようなどと話していました。しかし、思いもよらず新型コロナウイルス感染症が世界中に拡大し、一時中断となったのです。無事に大斗が生まれたことに胸をなでおろした矢先、今度は新型コロナ禍の中で、先の見えない不安な日々を送ることになりました。

執筆を再開したのは、緊急事態宣言が解除された2020年の夏前頃です。特殊清掃の現場から見た社会問題をテーマとするという骨子も固まり、新型コロナ禍についても内容に盛り込むことになりました。本書が現代社会に生きている人々に、少しでも役立つことを願っています。

特殊清掃、そして育児に追われる中での執筆でしたが、辛抱強く支えてくださった池上さんには、この場を借りてお礼を申し上げたいと思います。

そして誰よりも、今まで特殊清掃の作業をさせていただいた故人の方々に。

彼らが、この世での命の使い方を教えてくれました。事件現場清掃人として、今生きている人々のお手伝いをすること、これから生まれてくる命が、すくすくと育つように尽くすこと。

自らの死にざまをもって、つたない後輩にご指導くださった先輩方に、心から感謝いたします。

2020年11月

高江洲敦

[出典]

※ 1「2018 年、2023 年、2028 年および 2033 年における日本の総住宅数・空き家数・空き家率の予測」(野村総合研究所、2018 年)

※ 2『無縁社会 ―“無縁死”三万二千人の衝撃』(NHK「無縁社会プロジェクト」/文藝春秋、2010 年)

※ 3「平成 29 年　国民生活基礎調査の概況」(厚生労働省)

※ 4「令和元年版高齢社会白書」(内閣府)

※ 5「第 4 回孤独死現状レポート」(一般社団法人日本少額短期保険協会孤独死対策委員会、2019 年)

※ 6「令和元年中における自殺の状況」(厚生労働省自殺対策推進室、警察庁生活安全局生活安全企画課、2020 年)

※ 7「令和 2 年の月別自殺者数について(8 月末の速報値)」(警察庁)

※ 8「自殺の影響は広範囲にわたる―新型コロナウイルスによる失業が健康や自殺に与える影響―(2)」(リクルートワークス研究所、https://www.works-i.com/column/hataraku-ronten/detail006.html)

※ 9「みんなのメンタルヘルス総合サイト」(厚生労働省、https://www.mhlw.go.jp/kokoro/speciality/data.html)

※ 10「高齢世帯 4 分の 1 貧困　「生活保護未満」立命館大教授分析　独居女性では 2 人に 1 人」(西日本新聞、2017 年 9 月 15 日)

※ 11「第 5 回(2018)子育て世帯全国調査」(独立行政法人労働政策研究・研修機構)

※ ご遺族と故人への配慮から、文中の設定は若干変えてあります。

高江洲 敦（たかえす・あつし）

1971年沖縄県生まれ。
料理人、内装業者、リフォーム会社等を経て、
自殺・孤独死・殺人などの現場の
特殊清掃、遺品整理、不動産処分を行う
「事件現場清掃会社」を設立。
2010年に著書『事件現場清掃人が行く』
（飛鳥新社、現在は幻冬舎アウトロー文庫）を発表。
知られざる事故物件の実態を世に知らしめた。
これまでに立ち会ってきた事件現場は3000件以上。
孤独死をなくすことを自らの使命に課し、
今日も活動を続けている。
https://www.genbaseisou.com/

事件現場清掃人
死と生を看取る者

2020年12月4日　第1刷発行

著　者　高江洲 敦
発行人　大山邦興
発行所　株式会社 飛鳥新社
〒101-0003
東京都千代田区一ツ橋2-4-3　光文恒産ビル
電話　（営業）03-3263-7770
（編集）03-3263-7773
http://www.asukashinsha.co.jp/

装画　花沢健吾
カバーデザイン　吉田考宏
編集協力　飯塚陽介
間取り図作成　三協美術

印刷・製本　中央精版印刷株式会社

編集担当　池上直哉

ISBN978-4-86410-793-8